中等职业教育汽车类专业系列教材

新能源汽车动力电池技术

主　编　翟先花　李亚平　王桐昆
副主编　杨红妮　穆青云　魏　斌
参　编　闫　英　陈卫青　刘晓春　谷林林　吕　宁　张　欣
　　　　杨吉美　赵永鹏　孙　薇　杨蕊欣　李文彦　代凯飞
　　　　丹　丹　达　涛　吴丹松　吴琪星　范鄂权　黄庚春
　　　　刘军利　王　侃　王　庆　张玘璠　郭为君*
（注：标注有*的人员为企业专家）

西安交通大学出版社
XI'AN JIAOTONG UNIVERSITY PRESS

图书在版编目(CIP)数据

新能源汽车动力电池技术 / 翟先花,李亚平,王桐昆
主编. —西安 : 西安交通大学出版社,2022.6
　　ISBN 978-7-5693-2636-9

　　Ⅰ. ①新… Ⅱ. ①翟… ②李… ③王… Ⅲ. ①新能源-
汽车-蓄电池 Ⅳ. ①U469.720.3
　　中国版本图书馆 CIP 数据核字(2022)第 093502 号

书　　名	新能源汽车动力电池技术
	Xinnengyuan Qiche Dongli Dianchi Jishu
主　　编	翟先花　李亚平　王桐昆
策划编辑	曹　昳
责任编辑	张　欣
责任校对	魏　萍
出版发行	西安交通大学出版社
	(西安市兴庆南路 1 号　邮政编码 710048)
网　　址	http://www.xjtupress.com
电　　话	(029)82668357　82667874(市场营销中心)
	(029)82668315(总编办)
传　　真	(029)82668280
印　　刷	西安五星印刷有限公司
开　　本	787 mm×1092 mm　　1/16　　**印张** 8　　**字数** 200 千字
版次印次	2022 年 6 月第 1 版　　2022 年 6 月第 1 次印刷
书　　号	ISBN 978-7-5693-2636-9
定　　价	39.00 元

如发现印装质量问题,请与本社市场营销中心联系。
订购热线:(029)82665248　(029)82667874
投稿热线:(029)82668804
读者信箱:phoe@qq.com

版权所有　侵权必究

目录
Contents

学习单元一　电动汽车动力电池基础知识 ························· 1

　学习内容一　动力电池的特点与类型 ························· 1

　学习内容二　化学电池的基本构成和分类 ···················· 4

　学习内容三　蓄电池 ································· 9

学习单元二　铅酸电池 ································· 15

　学习内容一　铅酸电池的结构与原理 ························ 15

　学习内容二　铅酸电池的性能 ··························· 19

学习单元三　镍氢电池 ································· 25

　学习内容一　镍氢电池的结构与原理 ························ 25

　学习内容二　镍氢电池的性能 ··························· 28

　学习内容三　镍氢电池的应用 ··························· 32

学习单元四　锂离子电池 ································ 35

　学习内容一　锂离子电池的结构与原理 ······················ 35

　学习内容二　锂离子电池的性能 ·························· 44

　学习内容三　锂离子电池的应用 ·························· 49

学习单元五　燃料电池 ································· 54

　学习内容一　燃料电池的概述 ··························· 54

　学习内容二　燃料电池 ······························· 58

I

学习单元六　用于电动汽车的其他动力源 ···················· 71

学习内容一　其他镍系蓄电池 ································ 71

学习内容二　金属空气电池 ·································· 74

学习内容三　超高速飞轮 ···································· 78

学习内容四　超级电容 ······································ 82

学习单元七　动力电池系统 ································ 88

学习内容一　动力电池系统的结构组成 ···················· 88

学习内容二　电池管理系统的功能和工作原理 ·············· 93

学习单元八　动力蓄电池的使用 ·························· 103

学习内容一　动力蓄电池的充电 ·························· 103

学习内容二　动力蓄电池的测试 ·························· 117

学习单元一
电动汽车动力电池基础知识

 引入

　　电池是能将化学能、内能、光能、原子能等形式的能量转化为电能的装置。最早的电池可以追溯到两百年以前,意大利物理学家伏打发明的伏打电池。它使人们第一次获得了比较稳定而持续的电流,具有划时代的意义。之后,人们通过不断努力,开发了一代又一代的新型电池:从目前普遍使用的干电池到新型的太阳能电池、锂聚合物电池和燃料电池等。电池的容量、体积、适用范围等方面有了很大的改进。

学习内容一　动力电池的特点与类型

 知识目标

　　了解动力电池的工作特点和要求,掌握动力电池的类型。

 能力目标

　　会概括动力电池的工作特点,能说出动力电池的分类。

同学们知道动力电池与普通蓄电池有什么差别吗?这节课让我们一起学习动力电池的特点与类型。

(一)动力电池的工作特点与要求

　　动力电池是电动汽车的核心部件,动力电池技术能否突破,是电动汽车发展的关键。

1.动力电池的工作特点

动力电池与燃油汽车用蓄电池不同。燃油汽车用蓄电池为启动型蓄电池,要求其瞬间提供大电流,因此,启动型蓄电池的内阻很小。动力电池则要求其持续供电能力强,而其内阻往往较启动型蓄电池大。

动力电池在工作时,主要以较长时间的中等电流持续放电,短时间(启动、加速时)以大电流放电,并以深循环(深度放电)使用为主。

2.对动力电池的要求

为使电动汽车具有良好的使用特性,对动力电池(主要指蓄电池)的基本要求如下:

(1)能量密度高。高的能量密度可以使蓄电池的质量减小,从而降低电动汽车的自重,提高电动汽车的续驶里程。

(2)功率密度大。蓄电池的功率密度大,所能够提供的瞬时功率就大,可提高电动汽车的动力性能。

(3)循环寿命较长。蓄电池以循环寿命来衡量其使用寿命。蓄电池的循环寿命长,即可降低电动汽车的使用成本。

(4)充放电特性较好。蓄电池的充电特性好,可缩短充电时间,提高使用性能;在汽车制动时,则可提高制动能量回收的效率;不容易过充电,可延长蓄电池的使用寿命。蓄电池的放电特性好,其持续供电的能力就强。

(5)电池的一致性好。一致性好是指蓄电池组各电池的性能差异性小,可减轻电池组使用过程中电池性能差别迅速扩大的恶性循环,有利于延长蓄电池的使用寿命。

(6)价格较低。动力电池的成本高是造成电动汽车新车购车价格高、使用成本高的主要原因,因此降低动力电池成本可提高电动汽车的市场竞争力。

(7)维护方便。电动汽车动力电池的维护工作很重要,因此,使用维护方便的蓄电池可提高电动汽车的使用性能。

(二)动力电池的类型

除了蓄电池和燃料电池之外,动力电池还有超级电容、飞轮电池、太阳电池等。

1.蓄电池

蓄电池也称二次电池,是可循环充放电的化学电池,即电池放电后,可通过充电的方式使其恢复电能。在各类电动汽车中,蓄电池应用最广泛。蓄电池是纯电动汽车唯一或主要的电源,混合动力电动汽车和燃料电池电动汽车也需要蓄电池。

2.燃料电池

燃料电池是通过电极的氧化还原反应,直接将储存在燃料和氧化剂中的化学能量转换为电能的装置,属于一次电池。燃料电池的基本化学原理是水电解反应的逆过程,即氢和氧发生氧化还原反应而产生电能、水和热。

燃料电池电动汽车以燃料电池作为车载电源,具有绿色环保的特点,也是新能源汽车的发展方向。

3. 超级电容

超级电容是介于普通电容器与化学电池之间的储能装置,通常用作辅助储能装置。它具有可大电流充放电的特点,在混合动力电动汽车和纯电动汽车中可提供瞬时大电流,以提高汽车的动力性能;能接受大电流充电,可提高制动能量的回收效率。超级电容是一种化学电容,兼具化学电池和物理电容的优点。

4. 飞轮电池

飞轮电池是 20 世纪 90 年代提出的新概念电池,它突破了化学电池的局限,用物理的形式实现了能量的储存。飞轮电池以飞轮旋转的方式储存能量,通过飞轮带动发电机发电输出电能。充电则是发电的逆过程。

飞轮电池是一种机械电池,充放电电流大,因此常被用作辅助储能装置,以提高电动汽车的动力性能及制动能量的回收效率。

5. 太阳电池

太阳电池实际上是将光能转换为电能的发电装置。光电转换效率、电池系统的配置复杂性、价格及汽车的特殊使用环境等因素,使太阳电池在电动汽车上只能作为一种补充电源。

一些太阳能电动汽车装有锂离子电池或其他类型的蓄电池,用太阳电池将太阳能转换成电能来协助供电或对蓄电池进行充电。尤其当电动汽车在郊外停驶时,可利用太阳电池发电,及时有效地对蓄电池进行补充充电,可延长电动汽车的续驶里程。

学习内容二　化学电池的基本构成和分类

熟悉化学电池的组成和类型。

能叙述化学电池的构成条件,能说出化学电池的基本构成和分类。

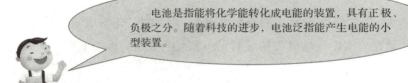

电池是指能将化学能转化成电能的装置,具有正极、负极之分。随着科技的进步,电池泛指能产生电能的小型装置。

电池从广义上讲主要分为生物电池、物理电池和化学电池三大类,下面就让我们一起来认识化学电池吧!

为了理解电池是怎样把化学能转化为电能的,以经典的丹尼尔电池为例进行介绍。

$$Cu^{2+} + Zn \longrightarrow Cu + Zn^{2+} \tag{1-1}$$

反应式(1-1)可以分解为两个电化学反应步骤完成:

$$Cu^{2+} + 2e^- \longrightarrow Cu \tag{1-2}$$

$$Zn \longrightarrow Zn^{2+} + 2e^- \tag{1-3}$$

如果锌和铜处于独立的两个元件中,那么反应式(1-2)和反应式(1-3)就必须在两个不同的位置(电极)发生,而且只有在有电流连接两个电极的情况下反应才能继续进行。在这种情况下,电子的流动是可以利用的。这就是著名的丹尼尔电池反应,该反应可以通过控制正、负极的连接状态实现有效控制,使化学能按需转化为有用的电能。

要实现化学能转变成电能的过程,必须满足如下条件:

(1)必须让化学反应中失去电子的氧化过程(在负极进行)和得到电子的还原过程(在正极进行)分别在两个区域进行,这与一般的氧化还原反应存在区别。

(2)两电极必须是有离子导电性的物质。

(3)化学变化过程中电子的传递必须经过外线路。

(一)化学电池的类型

化学电池是将化学能转化为电能的装置。其主要部分是电解质溶液、浸在电解质溶液中的正负电极和连接电极的导线。依据能否充电复原分为原电池和蓄电池两种。

1. 一次电池

一次电池也称为原电池。一次电池在使用中,其化学变化体系的自由能会逐渐减少,是一个将减少的自由能直接转换成电能输出的装置。电池经过连续放电或间歇放电后,不能用充电的方法使两电极的活性物质恢复到初始状态,即一次电池发生的是不可逆反应,电极活性物质只能利用一次,用完即废弃,故称为一次电池。电解液不流动的一次电池也称为干电池。

广泛应用的一次电池有锌锰电池、锌银电池、锂二氧化锰电池和锂亚硫酰氯电池等。20世纪60年代,人们开发出锂一次电池,其负极活性物质为锂,正极活性物质有二氧化锰、氧化铜或亚硫酰氯等,相应的电池称为锂二氧化锰电池、锂氧化铜电池和锂亚硫酰氯电池等。

一次电池的特点是电动势高、内部阻抗小、单位质量(或体积)能量密度大、价格低;在电池不用时自放电小、活性物质的消耗慢、保存性能好;制造简单、形状多样、耐漏液性能高、容器的密封性能好。一次电池的不足是不能用于大电流放电。

2. 二次电池

二次电池也称蓄电池或储能电池,电池工作时其内部的电化学反应为可逆反应,因此,可通过充电的方式恢复活性物质的初始(化学能量)状态。二次电池的放电和充电可反复进行多次,在各种电动汽车上使用的就是二次电池。

二次电池的种类很多,比较常见的有铅酸电池、镍氢电池,镍镉电池、锂离子电池、锌空气电池、锌银电池等。

3. 储备电池

储备电池是特殊的一次电池,与普通一次电池不同的是,储备电池在储存期间其正负极活性物质与电解质不直接接触,直到使用时,才借助动力源作用于电解质,以激活电池。因此,储备电池也称为激活电池。使用时注入清水、电解液或海水来激活电池,故而也称为注水电池(或注液式电池、水激活电池);使用时将电解质加热至熔融态的称为热激活电池(或热电池)。

典型的储备电池有海水激活的镁电池、用KOH溶液激活的锌银电池、热激活的热电池等。由于储备电池在使用前处于惰性状态,因而可以储存较长的时间(几年甚至十几年)。

4. 燃料电池

燃料电池也是一次电池,它与普通化学电池不同的是,其正负极本身不包含活性物质,而是储存在电池本体之外,因此需要将活性物质连续地注入电池才能够使电池持续不断地放电。燃料电池的工作方式是不间断地向电池内输入燃料和氧化剂,同时排出反应产物,从电极输出电能。因此,从工作形式上看,它类似于燃油发动机与发电机组,但工作原理和特性则有很大差别。

燃料电池属于一种特殊的化学电池,其特性和工作方式与普通的化学电池有很大的不同。

(二)化学电池的组成

化学电池是由电极、电解质、隔膜、壳体及其他附件组成的。电极和电解质是化学电池的基本组成部分。

1. 电极

正、负电极是电池的核心部件。电极的主要成分是活性物质,其次是导电骨架等辅助材料,一些电极的活性物质中还含有添加剂。

①活性物质。正、负电极上的活性物质是参加成流反应的物质,决定了电池的基本性能。对活性物质的具体要求:在电解液中的化学稳定性好;组成电池的电动势高;电化学活性高,即自发进行反应的能力强;具有高的电子导电性;质量比容量和体积比容量大;资源丰富,价格便宜。

②辅助材料。虽然电极的辅助材料不参与电化学反应,但也是不可或缺的。例如,用作支撑活性物质的导电网、极板栅架等,除了可提高极板的机械强度,还兼作集流体。

③添加剂。虽然电极中添加剂的加入量很少,但是具有特定的作用。

2. 电解质和电解液

电解质和电解液不同。电解质一般是指溶解在液态溶剂中,部分或全部形成离子,使溶液具有导电性的一类物质。电解液是化学电池、电解电容等使用的介质,是一种能导电的液体。电解质溶液或熔融的电解质都为电解液。

1)电池用电解液和电解质

(1)液体电解液和电解质。

液体电解液,其溶剂为无水有机物,多数采用混合溶剂。常见的有机液体电解液一般是1mol/L锂盐/混合碳酸酯溶剂构成的体系。作为传递电荷与传质过程的介质,锂离子电池适用的电解液通常应满足以下几方面的要求:

①在较宽的温度范围内具有较高的电导率,最好达到$(1\sim2)\times10^{-3}$S/cm以上,锂离子迁移数尽可能高;

②液态温度范围(液程)宽,至少在$-20\sim80$℃范围内为液体;

③化学稳定性好,与电极活性物质(如正、负极材料)、集流体、隔膜等基本不发生反应;

④与电极材料的相容性好,能形成稳定、有效的钝化膜;

⑤电化学稳定性好、分解电压高,以减少电池的自放电和工作时电池内压升高的情况;

⑥闪点、燃点高,安全性好;

⑦环境友好性,分解产物对环境影响较小。

上述要求是实现锂离子电池低内阻、长寿命和高安全性的重要保证。锂盐、有机溶剂的选择和电解质溶液的优化决定着电池的循环效率、工作电压、操作温度和储存期限等,是开发锂离子电池的关键技术之一。从某种意义上说,锂离子电池的液体电解液的选择决定了电池性能。

经过几十年的研究和实践,锂离子电池使用的电解液已基本成型,商品化的电解液一般选择 $LiPF_6$ 作为锂盐,溶剂多为碳酸乙烯酯与碳酸二甲酯或者碳酸二乙酯构成的混合溶剂。此外,还有少量基于特殊目的使用的电解液体系。这些电解液体系,支撑着锂离子电池的商品化以及今后的研究和发展。

(2)固体或胶体电解质。

使用固体电解质可避免液体电解液漏液的缺点,还可把电池做成更薄(厚度仅为0.1mm)、能量密度更高、体积更小的高能电池。破坏性实验表明,固体锂离子电池的使用安全性能很高。经钉穿、加热、短路和过充等破坏性实验,液体电解质锂离子电池会发生漏液、爆炸等安全性问题,而固体电池除内温略有升高外并无任何其他安全性问题出现。固体聚合物电解质具有良好的柔韧性、成膜性、稳定性、成本低等特点,既可作为阴阳电极间隔膜,又可作为传递离子的电解质。固体聚合物电解质一般可分为干性固体聚合物电解质和凝胶聚合物电解质。固体聚合物电解质的基体主要还是聚氧化乙烯及其衍生物,其缺点是离子导电率较低。在固体聚合物电解质中离子传导主要发生在无定形区,借助聚合物链的移动进行迁移。聚氧化乙烯容易结晶是由于其分子链的高规整性,而晶形化会降低离子导电率。因此要想提高离子导电率一方面可通过降低聚合物的结晶度,提高链的可移动性,另一方面可提高导电盐在聚合物中的溶解度。

3. 隔膜

电池隔膜是电池正极和负极之间的一层隔膜材料,是电池中非常关键的部分,对电池安全性有直接影响。其主要作用是隔离正、负极,防止两极接触造成短路,让电解液中的离子在正负极之间自由通过。电池隔膜的离子传导能力直接关系到电池的整体性能。电池隔膜可以隔离正负极,在电池过度充电或者温度升高的情况下能限制电流的升高,防止电池短路引起爆炸,具有微孔自闭保护作用。

以锂离子电池为例来说明隔膜的特点:

(1)良好的化学稳定性。电解液为有机溶剂体系,隔膜材料不能与之发生化学反应或溶解在溶剂中。

(2)较高的拉伸强度、穿刺强度以满足缠绕组装的要求。

(3)较高的孔隙率以增大电流密度,孔径分布均匀以避免电流密度不均匀造成局部过热。

(4)对电解液浸润性好,吸液率高,有利于提高离子电导率。

(5)具有较低的闭孔温度和较高的破膜温度,保证电池使用安全。

4. 壳体及其他附件

(1)电池壳体。电池壳体既是电池的外壳,也是电池中电解液的容器。对于电动汽车用动力电池,通常要求其外壳具有良好的机械强度,抗振动与冲击,耐酸碱腐蚀,耐高温和低温等。

在现有的化学电池中,除锌锰电池可用锌电极做壳体外,其他化学电池均根据实际情况选择相应的材料做外壳。铅酸电池通常用硬橡胶做壳体,碱性蓄电池常用镀镍钢材做壳体。近年来,各种工程塑料也常被用作动力电池壳体的材料,如锦纶、丙烯腈-丁二烯-苯乙烯共聚物(ABS)、聚丙烯(PP)、聚苯乙烯(PS)等。

(2)其他附件。除上述各主要组成部分外,一些电池中还需要导电栅、汇流体、端子等零件。动力电池通常用多个单体电池(一对正、负极板构成的电池)串联起来,以满足所需的电压输出,因此,这些电池通常还有联条(串联各单体电池)和极柱(连接外电路)等附件。

电池的形状和结构多种多样,且用不同方式进行密封,以防漏液和干涸。图1.2.1和图1.2.2所示为常见干电池(一次电池)和蓄电池(二次电池)外形。

图1.2.1 常见干电池(一次电池)外形

图1.2.2 常见蓄电池(二次电池)外形

化学电池的基本构成有电极、电解质和电解液、隔膜、壳体及其他附件。

学习内容三 蓄电池

知识目标

掌握蓄电池的性能参数和常用术语。

能力目标

会正确运用蓄电池的电压、内阻、容量、能量、功率、寿命等性能参数,会正确应用终止电压、i 小时放电率、i 小时充电率、过充电与过放电、荷电状态、放电状态、不一致性与均衡充电等常用术语。

蓄电池就是二次电池,电池工作时其内部的电化学反应是可逆的,本节课我们就来认识它吧!

(一)蓄电池的分类

前面已按电池的工作性质和使用特征,将化学电池分成 4 种类型。在此,根据蓄电池电解质和电极材料,对电动汽车上使用的蓄电池进行分类。

1)按蓄电池电解质分类

按蓄电池电解质,可将电动汽车上使用的蓄电池分为酸性电池、碱性电池、中性电池和有机电解液电池 4 类。

酸性电池:主要以硫酸水溶液为电解质。电动汽车用蓄电池属酸性电池的主要是铅酸电池。

碱性电池：主要以氢氧化钾水溶液为电解质。电动汽车用蓄电池中的锌锰电池、镍镉电池、镍氢电池等均属此类电池。

中性电池：以盐溶液为电解质。由于这种蓄电池的稳定性较差，因此在电动汽车上很少使用。

有机电解液电池：主要以有机溶液为电解质。如锂电池。

2）按蓄电池正、负极材料分类。

按蓄电池正、负极材料，可将蓄电池分为锌系电池、镍系电池、铅系电池、锂系电池、金属空气（氧气）电池等。

锌系电池：负电极材料为锌的蓄电池，如锌锰电池、锌银电池等。

镍系电池：电极材料有镍的蓄电池，如镍镉电池、镍锌电池、镍氢电池等。

铅系电池：电极材料为铅的蓄电池，如铅酸电池。

锂系电池：电极材料有锂的蓄电池，如锂离子电池、锂聚合物电池、磷酸铁锂电池等。

金属空气电池：有空气电极的蓄电池，如锌空气电池、铝空气电池等。

（二）蓄电池的性能参数

蓄电池的性能参数主要有电池的电压、内阻、容量、能量、功率、寿命等。

1. 电压

蓄电池的电压（端电压）指正极与负极之间的电位差，单位为伏特（V），是表示蓄电池性能与状态的重要参数之一。

（1）开路电压。开路电压指蓄电池未向外电路输出电流时正极与负极之间的电位差，与蓄电池的静止电动势相等。开路电压须用高输入阻抗的电压表测量，如果电压表的输入阻抗不够大，测得的开路电压会偏小。

蓄电池的开路电压与其正负极材料、电解质、温度等有关，而与其几何结构及尺寸无关。蓄电池的开路电压还与放电程度有关，蓄电池在充足电状态下的开路电压最高，随着蓄电池放电程度的增大，开路电压会相应降低。

（2）额定电压。额定电压也称公称电压或标称电压，指某蓄电池开路电压的最低值（保证值），或在规定条件下电池工作的标准电压。不同类型的蓄电池，其额定电压有所不同，如铅酸电池的额定电压为 2.0 V；镍氢电池的额定电压为 1.2 V；锂离子电池的额定电压为 3.6 V。

（3）放电电压。放电电压也称工作电压，指蓄电池向外输出电流时的端电压。由于蓄电池存在内阻,因此蓄电池的放电电流越大,放电电压越低。相同放电电流下,随着蓄电池放电程度的增大,其放电电压也会相应降低。

(4)充电电压。充电电压指充电电源对蓄电池进行充电时的蓄电池端电压。充电电流越大,蓄电池内的极化(欧姆极化、浓差极化、电化学极化)越大,充电电压就越高;相同充电电流下,蓄电池充电初期的充电电压较低,蓄电池充足电时充电电压达到最大值。

2. 内阻

蓄电池有电流输出时,电流在电池内部受到阻力,使电池的电压降低,此阻力称为蓄电池的内阻。蓄电池的内阻也是表示蓄电池性能与状态的重要参数,其单位为欧姆(Ω)。蓄电池的内阻包括欧姆内阻和极化内阻两部分。

(1)欧姆内阻。欧姆内阻主要与蓄电池电极的材质、结构及装配工艺等有关,不同电解质呈现的电阻也不同。因此,不同类型的蓄电池,其内阻是不同的。无论是哪种类型的蓄电池,随着放电程度的增大,其内阻都会相应增大。

(2)极化内阻。极化内阻指化学电源的正极与负极在电化学反应进行时,由极化(电化学极化和浓差极化)引起的内阻。极化内阻除了与活性物质、电极结构、电池的制造工艺等有关外,还与蓄电池工作条件与状态有关,因此,极化内阻也是动态变化的。在大电流充放电时,电化学极化和浓差极化均较大,因而极化内阻增大。温度降低对电化学极化、离子的扩散均有不利影响,因而在低温条件下蓄电池的内阻也会增大。

蓄电池的内阻直接影响蓄电池的工作电压、输出电流、输出能量和功率等。蓄电池的内阻越小,蓄电池的充放电性能就越好。

3. 容量

蓄电池的容量是指在允许放电范围内所能输出的电量,单位为安·时(A·h)。容量用来表示蓄电池的放电能力,在不同条件下蓄电池所能输出的电量(容量)是不同的。

(1)理论容量。理论容量是假设蓄电池极板上的活性物质全部参加电化学反应而输出电流,根据法拉第定律计算出的电量。理论容量通常用质量容量(A·h/kg)或体积容量(A·h/L)表示。

(2)实际容量。实际容量是指充足电的蓄电池在一定条件下所能输出的电量,其值是在允许放电范围内,放电电流与放电时间的乘积。蓄电池的实际容量小于理论容量,当放电电流和温度不同时,其实际容量也会有所不同。

(3)i小时放电率容量。充足电的蓄电池以某一恒定电流放电i小时,放电至终止电压。该过程蓄电池所能输出的电量称为i小时放电率容量,通常用C表示。

(4)额定容量。额定容量是指充足电的蓄电池在规定的条件下所能输出的电量。额定容量是制造厂标明的蓄电池容量,是蓄电池性能的重要技术指标。我国国家标准中,用3h

放电率容量(C_3)定义电动汽车用蓄电池的额定容量;用 20h 放电率容量(C_{20})定义汽车用启动型蓄电池的额定容量。

4. 能量

蓄电池的能量指在一定的放电条件下蓄电池所能输出的电能,单位为瓦·时(W·h)或千瓦·时(kW·h)。蓄电池的能量表示其供电能力,是反映蓄电池综合性能的重要参数。

(1)标称能量。标称能量指在规定的放电条件下蓄电池所能输出的电能。蓄电池的标称能量是其额定容量与额定电压的乘积。

(2)实际能量。实际能量指在一定的放电条件下蓄电池所能输出的电能。蓄电池的实际能量是其实际容量与放电过程的平均电压的乘积。

(3)比能量。比能量即质量比能量,指蓄电池单位质量所能输出的电能,单位为 W·h/kg 或 kW·h/kg。如果蓄电池的比能量大,充足电后电动汽车的行驶里程就长。

(4)能量密度。能量密度即体积比能量,指蓄电池单位体积所能输出的电能,单位为 W·h/L或 kW·h/L。如果蓄电池的能量密度越大,电动汽车的载质量和车内的空间就能越大。

5. 功率

蓄电池的功率指在规定的放电条件下蓄电池单位时间所能输出的电能,单位为 W 或 kW。蓄电池的功率会影响电动汽车的加速度和最高车速。

(1)比功率。比功率即质量比功率,指蓄电池单位质量所能输出的功率,单位为 W/kg 或 kW/kg。蓄电池的比功率大,汽车的加速和爬坡性能就好,最高车速也高。

(2)功率密度。功率密度即体积比功率,指蓄电池单位体积所能输出的功率,单位为 W/L或 kW/L。蓄电池的功率密度越大,电动汽车的载重量和车内的空间就能越大。

6. 寿命

蓄电池的寿命通常用使用时间或循环寿命来表示。蓄电池经历一次充电过程和放电过程称为一个循环或一个周期。在一定的放电条件下,蓄电池的容量下降到规定的低限时,蓄电池所能经历的充放电循环次数称为蓄电池的循环寿命。

不同类型的蓄电池,其循环寿命有所不同。对于某种类型的蓄电池,其循环寿命与充放电电流、蓄电池的温度、放电的深度等均有关系。

(三)蓄电池的常用术语

在使用蓄电池的过程中,通常采用一些术语来描述其状态和工作条件,常用术语简介如下。

1. 终止电压

终止电压指充电或放电应该结束时的电压,分为充电终止电压和放电终止电压。

(1)充电终止电压。蓄电池在充电结束(充足电)时,其充电电压已上升至极限,继续充电将使蓄电池处于过充电状态,这个高限电压称为充电终止电压。当蓄电池的充电电流较大时,在蓄电池充电的过程中(蓄电池还未充足)就有可能达到充电终止电压,而且充电电流越大,就越快达到充电终止电压。

(2)放电终止电压。蓄电池在放完电时,其放电电压已下降至极限,继续放电将导致蓄电池过度放电,这个低限电压称为放电终止电压。放电电流越大,放电终止电压越低。

2. i 小时放电率

i 小时放电率指蓄电池以恒定的电流放电 i 小时,正好使蓄电池放电至终止电压(放完电)。因此,i 小时放电率的放电电流

$$I_i = C_i / i$$

式中,C_i 为 i 小时放电率容量,A·h。

3. i 小时充电率

i 小时充电率指蓄电池以恒定的电流充电 i 小时,正好使蓄电池充电至终止电压(充完电)。i 小时充电率的恒流值与 i 小时放电率的恒流值相等。

4. 过充电与过放电

(1)过充电。蓄电池已充足电后的充电即过充电。此外,充电电流大于蓄电池充电可接受电流时,继续以该电流充电也属于过充电。

(2)过放电。蓄电池已放至放电终止电压(已放完电)时,继续放电即过放电。

5. 荷电状态

蓄电池的荷电状态(State of Charge,SOC)数值上等于蓄电池的剩余容量与额定容量的比值,用于描述蓄电池在充放电过程中的存电状态。

6. 放电深度

蓄电池的放电深度(Depth of Discharge,DOD)数值上等于蓄电池已放出的电量与额定容量的比值,用于描述蓄电池在放电过程中所达到的放电程度。

7. 不一致性与均衡充电

(1)不一致性。不一致性指蓄电池组中各蓄电池的电压、容量、内阻等存在差异,蓄电池组存在不一致性。在使用过程中不一致性扩大,并导致性能较差的蓄电池迅速损坏,最终导

致整个蓄电池组报废。

(2)均衡充电。均衡充电是针对存在不一致性的蓄电池组进行的特殊充电方法,旨在减小或消除蓄电池组的不一致性。

蓄电池的常用术语包括:终止电压、i小时充放电率、过充电与过放电、荷电状态、放电深度、不一致性与均衡充电。

复习题

一、填空题

1. 电池是能将_____、_____、_____、_____等形式的能量转化为电能的装置。

2. 化学电池按其工作性质和使用特征的不同,可分为_____、二次电池、_____和燃料电池等。

3. _____和_____是化学电池的基本组成部分。

4. 蓄电池有很多种,但各种蓄电池的基本组成均是_____、_____和电解质。

5. _____指充电或放电应该结束时的电压,分为充电_____和放电终止电压。

二、判断题

1. 蓄电池的工作原理:充电时利用外部的电能使内部活性物质再生,把电能储存为化学能,需要放电时再把化学能转换为电能输出。(   )

2. 电解质和电解液是一样的。(   )

3. 开路电压指蓄电池未向外电路输出电流时正极与负极之间的电位之和。(   )

三、简答题

1. 构成化学电池的必要条件是什么?化学电池的基本组成有哪些?

2. 蓄电池有哪些性能参数?这些性能参数的作用及意义分别是什么?

学习单元二

铅酸电池

 引入

铅酸电池是最早在电动汽车上使用的蓄电池,具有良好的可靠性和安全性,性价比高、易于维修。随着科学技术的发展,动力电池更新换代,但铅酸电池在储能电源、启动电源、车载电源等领域仍然有着广泛的应用。

学习内容一 铅酸电池的结构与原理

 **知识目标**

掌握铅酸电池的结构组成、工作原理及其分类。

能力目标

能够分析铅酸电池的工作原理和结构特点。

铅酸电池和其他二次电池一样,都是能够在放电后通过充电进行反复使用的电池。在放电时,电池内部的化学能转换成电能释放出来,而在充电时则刚好相反,可见铅酸电池的工作原理即为化学能和电能的相互转换。

(一)铅酸电池的组成

铅酸电池的组成除极板、电解液外,还包括隔板、壳体、联条等其他附件,如图2.1.1所示。

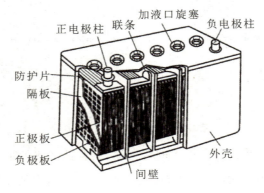

图 2.1.1 铅酸电池

1. 极板

极板是铅酸电池的核心部件,由栅架和活性物质组成,分为正极板和负极板,如图2.1.2所示。

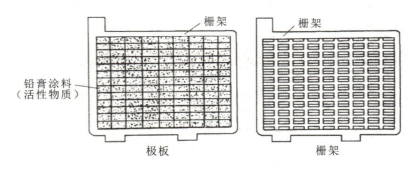

图 2.1.2 极板

正极板上的活性物质是二氧化铅(PbO_2),呈深棕色;负极板上的活性物质为铅(Pb),呈青灰色。蓄电池在工作过程中,电能和化学能的相互转换是依靠极板上活性物质和电解液的化学反应来实现的。

为了增大电池容量,我们常将多片正、负极板组成正、负极板组。由于正极板上的化学反应比负极板剧烈,把正极板夹在负极板之间可使其两侧放电均匀。因此,在每个单个电池中,负极板总比正极板多一片。

2. 电解液

铅酸电池的电解液一般用纯净的硫酸与蒸馏水按一定的比例配制而成,其密度一般为

$1.24 \sim 1.30 \text{ g/cm}^3$。

铅酸电池的极板浸入电解液中,极板上的活性物质被溶解、电离,蓄电池中的电解液不仅具有正、负极板间的导电作用,还参与电化学反应。

注意:①电解液密度会影响蓄电池的性能和使用寿命,所以我们应根据地区、气候条件等要求选择合适密度的电解液。

②蓄电池在使用过程中会损失一些水,但电解液中硫酸的量不会改变,因此在必要时我们要添加蒸馏水,而不是硫酸溶液。

③铅酸电池电解液是一种腐蚀性溶液,如果不慎接触,要立即用清水冲洗然后用小苏打水冲洗(酸碱中和原理)并寻求医生的帮助。

3. 隔板

为了尽可能减小蓄电池的内阻和体积,正、负极板应尽可能靠近。但距离过近又会导致相邻正、负极板接触而短路,所以隔板的作用就是将正、负极板隔开,防止其短路,并使电解液中正、负离子顺利通过。

因此,隔板应具有多孔的特点,以便电解液渗透,同时应具有良好的耐酸性和抗氧化性。

4. 其他附件

蓄电池还包括用于盛放电解液和极板组的壳体,将单格电池串联起来的联条等。

(二)铅酸电池的工作原理

1. 蓄电池电动势的建立

在前面的内容学习中,我们已经知道铅酸电池正极板上的活性物质为二氧化铅（PbO_2）,负极板上的活性物质为铅（Pb）,电解液为硫酸的水溶液。

当极板浸入电解液后,正、负极板上均会有少量的活性物质被溶解电离,从而使正极板上集聚了正电荷（Pb^{4+}）,负极板上留下负电荷（e^-）,因此,正负极之间就形成了电位差。

2. 放电过程

铅酸电池的放电过程就是化学能转变为电能的过程。在放电时的化学反应方程式为

$$Pb + PbO_2 + 2H_2SO_4 \stackrel{}{=\!=\!=} 2PbSO_4 + 2H_2O$$

在放电过程中,正负极板上的活性物质通过不断溶解和电离来维持电动势,并逐渐转变为 $PbSO_4$;在电解液中,H_2SO_4 减少,H_2O 增加,电解液密度下降。

3. 充电过程

铅酸电池的充电过程就是电能转变为化学能的过程。在充电时的化学反应方程式为

17

$$2PbSO_4 + 2H_2O = Pb + PbO_2 + 2H_2SO_4$$

在充电过程中,正、负极板上的 $PbSO_4$ 逐渐溶解电离,转化为正极板上的 PbO_2 和负极板上的 Pb,电解液中的 H_2O 减少,H_2SO_4 增加,电解液密度增加。

当充电接近终了时,极板上的 $PbSO_4$ 已较少,部分充电电流将水电离分解,变成氢气(H_2)和氧气(O_2)逸出。因此,充电接近终了时,会出现蓄电池电解液有气泡冒出的现象。

(三)铅酸电池的分类

铅酸电池发展至今不仅有着十分广泛的用途,也有着多种结构类型。

1. 按作用分类

(1)启动型:启动型蓄电池在工作时需要提供大的启动电流,因此需要有内阻小和正、负极板薄的特点。常用于各种汽车、拖拉机、柴油机等的启动照明,一般仅作为低压辅助电源使用。

(2)动力型:动力型蓄电池在工作时要起到提供动力牵引和照明电源的作用。具有极板较厚、容量较大、持续放电能力强的特点。常用于各种电动汽车、叉车、铲车等。

(3)固定型:此类铅酸电池常被用作发电厂、医院等通信、开关控制、继电保护等设备的直流电源。

(4)其他类型:其他用途的铅酸电池大小容量不等、类型不同,使用范围也不尽相同。例如闪光灯、摩托车用灯等。

2. 按性能分类

(1)干荷电式蓄电池:指极板在干燥状态下,能在较长时间内保存制造过程中所得电量的蓄电池。

(2)免维护蓄电池:这种蓄电池在其规定的使用寿命期间,不需要进行添加蒸馏水等日常的维护,而且在长期搁置状态下,自放电极小。

铅酸电池的原理:化学能与电能的相互转换。

学习内容二 铅酸电池的性能

知识目标

掌握铅酸电池的特性及特点。

能力目标

会分析铅酸电池的内阻及充放电特性,了解铅酸电池的特点和应用。

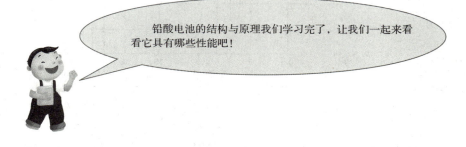

(一)铅酸电池的特性

1. 铅酸电池的内阻

蓄电池内阻的大小影响其工作能力。在相同条件下,内阻越小,输出电流越大。因此,一般情况下,铅酸电池的内阻都比较小。铅酸电池的内阻,主要包括有欧姆内阻、浓差极化内阻、电化学极化内阻三种。在这里我们主要针对欧姆内阻进行了解。

欧姆内阻包括极板电阻、隔板电阻、联条电阻和电解液电阻等。极板电阻在充足电状态下最小。随着蓄电池放电程度的增加,覆盖在极板表面的$PbSO_4$相应增多,极板电阻会随之增大。影响隔板电阻的主要因素包括隔板的材料、厚度及多孔性。联条电阻的大小主要与联条长度有关。电解液的电阻与其温度和密度有关:在低温条件下或是电解液密度过大的条件下,电解液的黏度会变大,从而影响离子的运动速率,导致内阻较大。因此,电解液的密度需要依据环境和温度等因素的不同而进行调整。

2. 铅酸电池的放电特性

铅酸电池的放电特性指的是以恒定的电流I_f放电时,蓄电池端电压U_f、电动势E和电

解液密度 ρ 随放电时间的变化规律。

放电时,由于存在蓄电池内阻 R_0,因此蓄电池端电压 U_f 低于其电动势 E,即 $U_f = E - I_f R_0$。

固定放电电流下电池端电压与放电时间的示意图如图 2.2.1 所示。

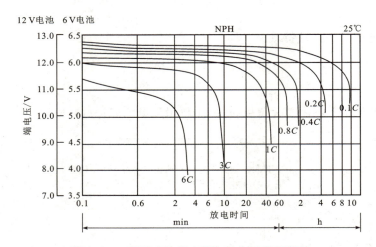

图 2.2.1 铅酸电池端电压与放电时间示意图

由图可知,在大部分放电过程中,电池端电压是稳定下降的,说明电池释放的能量与电池端电压间的降低量存在一定的关系。

大电流放电时,硫酸浓度变化大,放电开始后电压下降明显,曲线倾斜度大。

放电末期,电池端电压急剧下降,放电曲线斜率急剧增加。出现这种情况是因为在放电末期电解液中的硫酸浓度很低,电解液扩散到极板的速度低于放电速度。因此这个时候我们应该停止放电,否则会造成电池的过度放电。

过度放电会使 $PbSO_4$ 被吸附到蓄电池的极板表面上。由于 $PbSO_4$ 是一种绝缘体,它的存在会对蓄电池的充放电性能产生极大的影响,会增大蓄电池内阻,使蓄电池充放电性能变差,降低蓄电池的寿命。

另外,我们常用两个参数判断蓄电池放电是否已到终了时刻:①单个电池电压下降至放电终止电压;②电解液密度下降至最小的许可值。

3. 铅酸电池的充电特性

铅酸电池的充电特性指的是以恒定的电流 I_c 充电时,蓄电池充电电压 U_c、电动势 E 和电解液密度 ρ 随充电时间的变化规律。以 20 h 充电率($I_c = 0.05\,C \times 20$)的恒流充电特性如图 2.2.2 所示。

充电电源要克服蓄电池内阻电压降,其充电电压 U_c 高于其电动势 E,即为 $U_c = E + I_c R_0$。

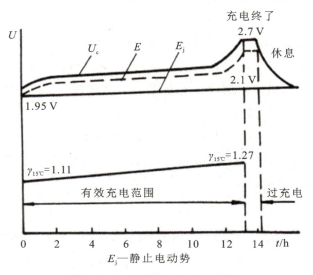

图 2.2.2　铅酸蓄电池充电特性

充电开始时,由于电解液密度迅速上升致使蓄电池的充电电压 U_c 迅速上升。当极板孔隙内外电解液产生浓度差之后,孔隙内的 H_2SO_4 向孔隙外扩散,此时,U_c 随着整个容器内的电解液密度的缓慢增大而逐渐上升。当 U_c 上升至 2.4V 左右时,电解液开始有气泡冒出,这是极板上的 $PbSO_4$ 基本已被还原成活性物质、充电电流已经开始水解的标志。继续充电,水的电解速度会不断上升,气泡也逐渐增多,使电解液呈"沸腾"状。由于氢离子在极板上得到电子变成氢气的速度比水电解的速度慢,因此在接近充电终了时,负极板与电解液之间会产生一个迅速上升的附加电位差,导致 U_c 迅速上升。附加电位差最高约 0.33V,因此充电电压上升至 2.7V 后就不再升高。所以一般在充电终期应适当减小充电电流。

理论上 U_c 达到 2.7V 时应终止充电,否则将造成过充电。铅酸电池过充电所产生的大量气体会在极板孔隙内造成压力,加速极板活性物质脱落,导致蓄电池容量下降,缩短使用寿命。

蓄电池充足电的特征如下:①蓄电池的端电压上升至最高值且 2h 内不再变化;②电解液的密度上升至最大值且 2h 内基本不变;③电解液呈现"沸腾"现象,有大量气泡冒出。

(二)铅酸电池的容量及影响因素

1. 铅酸电池的容量

铅酸电池的容量指的是蓄电池在规定条件下所输出的电量,包括额定容量和储备容量。铅酸电池的容量体现了其供电的能力。

如果以恒定的电流放电,则其容量的表达式为

$$C = I_f t$$

式中,C 为蓄电池容量,A·h;I_f 为放电电流,A;t 为放电时间,h。

(1)蓄电池的额定容量。国家标准规定,将充足电的新蓄电池在电解液温度为 25 ℃ (±5 ℃)条件下,以 20 h 放电率的放电电流,连续放电至单格电池的平均电压降到 1.75 V 时,输出的电量称为蓄电池的额定容量。

(2)蓄电池的储备容量。蓄电池在 25 ℃(±5 ℃)条件下,以 25 A 电流恒流放电至单格电池平均电压降到 1.75 V 时所维持的放电时间,称为蓄电池的储备容量。

2. 影响蓄电池容量的因素

1)极板构造

一般来说,极板与电解液接触的表面积越大,极板上就会有越多的活性物质参与化学反应,蓄电池的容量就会越大,但极板过大又会增大蓄电池的体积。因此我们多采用多孔的薄形极板提高其通过率,或通过增加极板数量来提高蓄电池的容量。

2)温度和电解液的密度

在前面我们已经提到过,温度会对蓄电池内部的电解液密度和黏度产生影响。气温越低,电解液密度越大,黏度越大,流动性越差,导致蓄电池内部化学反应不充分,影响蓄电池性能和容量。因此,我们在选择电解液密度大小时,应该考虑温度和气候因素,并在使用过程中,注意使蓄电池保持在适当的温度范围内。

3)放电电流

放电电流越大,蓄电池内部产生 $PbSO_4$ 的速率就越快,$PbSO_4$ 易对极板孔隙产生阻塞。因此,放电电流越大,蓄电池容量就越小。

(三)铅酸电池的特点

与其他类型的蓄电池相比,内阻小是铅酸电池最大的优势,可输出较大的电流。因此,铅酸电池常被用作发动机的启动电源。其优点包括但不限于:①价格低廉;②单格电池电压高,所以用较少的单格电池数就可以满足规定输出电压;③可制成密封结构,实现免维护。

铅酸电池也有一定的缺点,主要有以下几点:①体积和质量较大;②使用寿命短,成本高;③充电时间长。

(四)铅酸电池的应用

铅酸电池被广泛地应用于生活中,从汽车的照明、启动到发电厂等场所,随处可见铅酸

电池的身影。作为动力电池,铅酸电池主要被用于电动汽车、高尔夫车、电动叉车等。

在二三线城市和农村地区,以阀控密封铅酸电池为动力电源的低速纯电动汽车,凭借其购车成本和使用成本低、环保、驾驶技术要求低等优点得到人们的欢迎。山东时风电动汽车就是一个典型的例子(图 2.2.3)。

图 2.2.3　山东时风电动汽车

铅酸电池的特性包括铅酸电池的内阻以及铅酸电池的充放电特性。

复习题

一、填空题

1. 铅酸电池的工作原理是_____能和_____能的相互转化。
2. 请写出铅酸电池工作时的化学反应方程式:_____。

二、判断题

1. 铅酸电池的电解液一般用纯净的硫酸。(　　)
2. 在相同条件下,内阻越小,输出电流越小。(　　)
3. 放电电流越大,蓄电池容量就越小。(　　)

三、简答题

1. 铅酸电池的结构组成包括什么？

2. 铅酸电池有什么特点？

3. 请回答影响铅酸电池容量的因素。

学习单元三

镍氢电池

 引入

近年来,镍氢电池的发展速度越来越快,我国也因此步入了镍氢电池生产大国的行列。镍氢电池是一种可充电电池,是氢离子和金属镍合成的一种电池,是在镍镉电池的基础上发展起来的。与镍镉电池相比,它最大的优点就是环保,没有重金属镉污染。目前,镍氢电池已经广泛地应用在电动工具等日常生活用品上。

学习内容一 镍氢电池的结构与原理

 知识目标

掌握镍氢电池的结构类型、组成及工作原理。

 能力目标

(1)能够分析镍氢电池的工作原理。
(2)能够分析镍氢电池的组成特点及影响因素。

与之前所学的铅酸电池相比,镍氢电池有着高能量密度和高机械强度的特点,接下来让我们进一步了解一下!

镍氢电池是碱性蓄电池的一种。碱性蓄电池是以氢氧化钾等碱性水溶液为电解液的蓄电池,根据极板活性物质的材料不同,分为镍镉电池、镍氢电池等系列。与铅酸电池相比,碱性蓄电池具有高能量密度和高机械强度,平稳工作电压以及大功率密度的特点。

(一)镍氢电池的组成

镍氢电池包括方形[图 3.1.1(a)]和圆柱形[图 3.1.1(b)]两种。根据国际电工委员会标准,我们用 HF 表示方形镍氢电池,用 HR 表示圆柱形镍氢电池。除方形和圆柱形以外,还有纽扣形等多种类型。但它们的组成都主要包括了:正极、负极、隔膜、电解液、安全排气口和外壳。

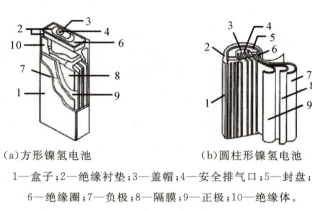

(a)方形镍氢电池　　　　(b)圆柱形镍氢电池

1—盒子;2—绝缘衬垫;3—盖帽;4—安全排气口;5—封盘;
6—绝缘圈;7—负极;8—隔膜;9—正极;10—绝缘体。

图 3.1.1　方形和圆柱形镍氢电池

1. 正极

镍氢电池的正极采用高孔率泡沫镍或纤维镍做导电骨架,涂敷高密度氢氧化镍粉末而成,材料为氧化镍电极。在碱性溶液中,充电时其活性物质为 NiOOH,放电时其活性物质为 $Ni(OH)_2$。

镍氢电池的正极在充放电时的电化学反应如下:

$$Ni(OH)_2 + OH^- \underset{放电}{\overset{充电}{\rightleftharpoons}} NiOOH + H_2O + e^-$$

2. 负极

镍氢电池的负极主要由骨架和储氢合金两部分组成,其活性物质为储氢合金,因而负极又被称为储氢电极(MH 电极)。

负极反应式:

$$xH_2O + M + xe^- \underset{放电}{\overset{充电}{\rightleftharpoons}} xOH^- + MH_x$$

3. 隔膜与电解液

镍氢电池的隔膜可采用锦纶无纺布或聚丙烯(PP)无纺布等材料,大部分隔膜采用 PP 无纺布材料。

电解液吸附于各极片及隔膜中间,镍氢电池一般以 KOH 水溶液为电解液,有的镍氢电池在电解液中加入少量 LiOH 或 NaOH。

(二)镍氢电池的工作原理

镍氢电池(Ni-MH)也称作镍金属氧化物电池,其基本组成有氢氧化镍正极、储氢合金负极及碱性电解液(氢氧化钾水溶液)。其充放电原理反应式如下:

$$MH + NiOOH \underset{充电}{\overset{放电}{\rightleftharpoons}} M + Ni(OH)_2$$

式中,M 为储氢合金。

在充电时,电解液中的水被分解为 H^+ 和 OH^-,H^+ 被负极吸收,负极的金属转化为金属氧化物,如图 3.1.2 所示。

在放电时,H^+ 离开负极,OH^- 离开正极,H^+ 和 OH^- 在电解液中结合生成水,而在正负电极之间通过外电路释放电能,如图 3.1.3 所示。

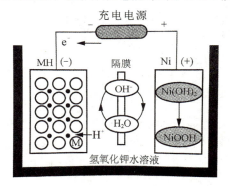
图 3.1.2 充电原理图

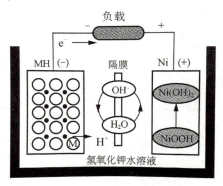
图 3.1.3 放电原理图

镍氢电池和铅酸电池的工作原理有什么异同点?将它们做一个对比吧。

碱性蓄电池:碱性蓄电池是以氢氧化钾等碱性水溶液为电解液的二次电池的总称。

学习内容二　镍氢电池的性能

知识目标

(1)掌握镍氢电池的特性。
(2)掌握镍氢电池的容量及其影响因素。

能力目标

(1)能够分析镍氢电池的内阻及充放电特性。
(2)能够分析镍氢电池的储存及自放电特性。
(3)能够分析镍氢电池的容量及影响因素。

镍氢电池有着许多显著的优势,在了解这些优势之前,让我们先来看看它的特性吧!

(一)镍氢电池的特性

1. 镍氢电池的充电特性

1)镍氢电池的恒流充电特性

镍氢电池的恒流充电特性曲线大致可分为 3 段,如图 3.2.1 所示。C 指电池的标称容量。1C、0.5C、0.1C 分别表示按照电池标称容量的 1 倍、0.5 倍、0.1 倍进行充放电。

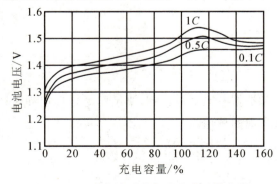

图 3.2.1　镍氢电池的恒流充电特性曲线

从镍氢电池恒流充电特性曲线可知,充电开始阶段电压上升较快,此后随着充电的进行电压上升缓慢,充电至一定程度后电压再次进行到快速上升的阶段直至最高充电电压后再次下降。

形成这种现象的原因是由于$Ni(OH)_2$的导电性极差,但NiOOH的导电性是其10^5倍,因此充电开始阶段的电压上升很快。当有NiOOH生成后,正极的充电电压会很快降低,因而使得电池的充电电压上升极为缓慢。

随着充电的继续进行,当充电容量接近电池标称容量的70%左右时,储氢合金中氢原子扩散速度减慢,为维持充电电流,正极电位被提高,OH^-来不及扩散到正极,导致充电电压快速上升。

当电池充电进行到过充电阶段时,正极析出氧气并扩散到负极与氢反应,消耗了氢,影响负极电位,加速电极反应,充电电压下降。

可见,镍氢电池恒流充电会出现充电电压峰值,充电电流越大,电压峰值出现也就越大、越早,下降也较快。此外,充电电流大,其充电电压也高,因此充电效率相对较低。恒流充电过程中,充电初期的充电效率较高,可接近100%,但后期充电效率又会下降。

2) 温度对镍氢电池充电的影响

(1) 影响充电效率和内部压力。由于温度越高,析氧反应越剧烈,充电效率越低;低温下,充电效率高,氧气复合速率慢,电池内部压力升高。

(2) 影响电极电位和充电电压。当电池温度升高时,氢在储氢合金中的扩散速度提高,其电位下降。与此同时,正极的反应速度也因温度的升高而加快,因此温度升高,电压下降。

2. 镍氢电池的放电特性

1) 镍氢电池的恒流放电

镍氢电池的恒流放电特性和铅酸电池相似,放电电流大,电池内阻电压降也大,因而放电电压也相对较低,放电时间较短,放电容量会有所下降,镍氢电池的恒流放电特性曲线如图3.2.2所示。

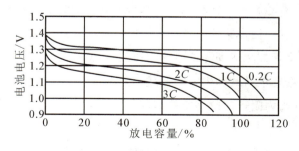

图3.2.2 镍氢电池的恒流放电特性曲线

在恒流放电过程中,开始电压下降较快,随后电压下降缓慢,接近放电终了时,随着放电的进行,电压下降又会加快。当放电电压下降至终止电压时,就必须停止放电,否则,电池会因过度放电而影响使用寿命。放电终止电压因放电率而变,放电电流越大,终止电压也会相对较低。

2)温度对镍氢电池放电的影响

镍氢电池在低温下放电,其放电电压较低;电池在温度较高时放电,电极活性较高,放电电压相应提高,如图3.2.3所示。

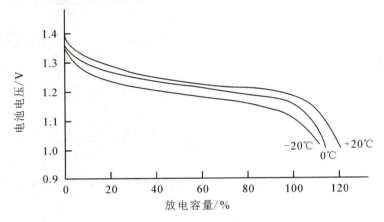

图 3.2.3 温度对镍氢电池放电的影响

3. 镍氢电池的内压与内阻

在前面我们已经知道,镍氢电池在充放电过程中,正极会析出氧气,负极会析出氢气,因而电池内部会产生压力。内压的影响因素有如下几点:

(1)充电电流及充电状态对内压的影响。在充电过程中,随着充电的进行,电池内压逐步上升。充电电流大,电池内压上升快且高。

(2)充放电循环次数的影响。充放电循环次数越多,电池内压逐渐升高。

(3)电解液量的影响。通过实验发现,当电池中电解液量过多时,内压也会升高。可以通过适当降低电解液量等方法达到降低电池内压的目的。

镍氢电池的内阻主要包括欧姆内阻和极化内阻两部分。

(1)欧姆内阻。欧姆内阻遵守欧姆定律,包括电池中电极、电解液、隔膜等电阻以及各连接点的接触电阻。

(2)极化内阻。在电化学反应中,由于电池的正负极极化以及浓差极化所引起的内阻称为极化内阻。极化内阻与活性物质的性质、电极结构以及电池放电电流和温度有密切的联系。

镍氢电池的内阻对于电池的性能有一定的影响。电池内阻小,放电电压平台高,有利于延长放电时间,提高电池的大电流放电性能。因此,在装配中应当尽量减小各连接件的接触电阻,从而提高电池循环寿命。

4. 镍氢电池的储存与自放电特性

1)镍氢电池的储存特性

在常温下储存的镍氢电池,无论是充电态还是放电态,其自放电所造成的容量损失都可通过充电恢复,不会产生永久性影响。但是电池如果在高温下长期储存,会引起密封圈和隔膜的损坏,从而导致电池永久性损坏。因此镍氢电池的储存温度一般选择 20～30℃。

影响镍氢电池储存寿命的因素包括温度、荷电状态、电解质补偿及电池气密性等。延长镍氢电池储存寿命的措施如下:①提高金属氢化物的抗氧化和耐腐蚀性能;②选择合适的合金组分;③优化氢氧化镍活性物质的组成;④改善正极中导电网络的质量;⑤当电池长时间不使用时,应使电池保持在荷电状态储存,并对电池进行周期性充电,以补偿电池自放电所消失的容量。

2)镍氢电池的自放电及影响因素

自放电也称荷电保持能力,镍氢电池通常遵循即充即用的原则,不宜较长时间存放。

电池自放电率的高低主要由电极材料、制造工艺、储存条件等多方面因素决定。蓄电池的自放电实际上是必然的,只是不同类型蓄电池的自放电率不同而已,影响自放电率的储存条件因素主要是电池储存的温度和相对湿度。

(1)温度对镍氢电池自放电的影响。当温度升高时,蓄电池内正负极材料的反应活性提高,同时电解液的离子传导速率加快,隔膜等辅助材料的强度降低,放电反应速率大大提高。如果温度太高,就会严重破坏电池内的化学平衡,发生不可逆反应,导致电池的整体性能受到严重影响。

(2)湿度对镍氢电池自放电的影响。环境的相对湿度太大也会加快镍氢电池自放电反应。一般情况下,低温和低湿的环境条件下,蓄电池的自放电率低,有利于电池的储存。但是相对湿度过低的情况下,也会导致电池电极材料发生不可逆变化,使蓄电池的整体性能大大下降。

3)镍氢电池的容量及其影响因素

镍氢电池的容量表示方式通常有理论容量、额定容量和实际容量三种。

(1)理论容量。指极板活性物质全部参加电化学反应所能放出的电量。

(2)额定容量。动力型镍氢电池的额定容量指 3 h 放电率容量,即电池以 3 h 放电率电

流持续放电 180 min 到终止电压 1.0 V，电池所放出的电量就是额定容量。

(3) 实际容量。实际容量也称放电容量，指在一定放电条件下，电池实际能放出的电量。在一定的放电条件下，镍氢电池的实际容量取决于电池活性物质的量和利用率。

影响镍氢电池放电容量的因素大致可分为两类，一类是电池结构和制造工艺，另一类是电池的工作条件，包括放电电流、电池温度、充电时间等。

(1) 放电电流对放电容量的影响。放电电流增大，电池的实际容量降低。

(2) 温度对放电容量的影响。镍氢电池的最佳工作温度在 0～40 ℃。当温度低于 0 ℃ 时，电池实际容量下降很快，放电电流越大，实际容量随温度降低而下降就越严重。当温度下降到 −20 ℃ 时，电池内阻会因电解液黏度等的变化而加大，电池无法激活到正常状态。

(3) 充电容量对放电容量的影响。充电初期放电容量随充电容量的增加而升高，充电后期电池的放电容量上升较为缓慢。充电容量低于电池额定容量时，电池的放电容量随充电容量的增加而增大；当充电容量超过电池额定容量后，随着充电容量的进一步增加，放电容量最终会达到一个不随充电容量变化的稳定值。

镍氢电池的充电特性和放电特性也可以与我们在前一单元所学的铅酸电池的充放电特性进行对比学习哦！

学习内容三　镍氢电池的应用

 知识目标

(1) 掌握镍氢电池的特点。

(2) 了解镍氢电池的应用。

能力目标

(1) 能够分析镍氢电池的特点。

(2) 能够总结镍氢电池的应用。

镍氢电池被应用于哪些方面？能够被广泛应用的原因是什么？

（一）镍氢电池的特点

镍氢电池常被用作各类电动汽车的动力电池之一，它具有比功率大、循环寿命长、绿色环保、耐过充电、无记忆效应等优点；但同时它也有成本较高、单个电池电压较低、自放电的损耗较大以及对环境温度有较高要求的缺点。

（二）镍氢电池的应用

由于混合动力电动汽车具有高功率密度的特点，而镍氢电池满足该要求，使得镍氢电池在混合动力电动汽车中应用广泛，如丰田、雷克萨斯等品牌的混合动力车。

镍氢电池长期以来在高功率和大电流性能方面一直不如镍镉电池，因此小型电动工具市场一直以来几乎被镍镉电池所垄断。随着镍氢电池技术的进步以及社会对环保问题的日趋重视，镍氢电池的发展得到了一个良好的机会。目前，高功率镍氢电池已进军电动工具市场并逐步代替了镍镉电池，成为市场的主流电池之一。

镍氢电池研发进程中环保问题日益被重视，高功率镍氢电池已经逐步成为市场的主流。

复习题

一、填空题

1. 镍氢电池是_____的一种，而碱性蓄电池是以_____等碱性水溶液为电解液的蓄电池。

2.碱性蓄电池根据极板活性物质的材料不同,分为_____、_____等系列。

3.镍氢电池的组成主要包括:_____、_____、_____、_____、安全排气口和外壳。

二、判断题

1.镍氢电池恒流充电会出现充电电压峰值,充电电流越大,电压峰值越大、出现越早,下降也越快。 （　　）

2.镍氢电池的最佳工作温度在0～30 ℃。 （　　）

3.电池内阻小,放电电压平台高,有利于延长放电时间,提高电池的大电流放电性能。（　　）

三、简答题

1.镍氢电池的基本组成部分有哪些?

2.镍氢电池的充电特性是如何的?

3.镍氢电池的放电特性是怎样的?

4.镍氢电池的容量有哪几种?

5.影响镍氢电池容量的因素有哪些?

学习单元四
锂离子电池

 引入

锂离子电池由二次锂电池发展而来,之所以被称为锂离子电池,是因为在这种电池内部,锂都是以离子的形式存在的。锂离子电池的充放电过程实际上也就是锂离子在正负电极之间的来回嵌入和脱嵌,因而锂离子电池又被称为"摇椅式电池"。

学习内容一 锂离子电池的结构与原理

 知识目标

掌握锂离子电池的结构特点、工作原理和类型。

🗝 能力目标

(1)能够分析锂离子电池的工作原理。
(2)了解锂离子电池的结构特点和分类。

锂离子电池作为电池行业的新秀,其发展和特点一直备受瞩目。让我们一同来了解一下这位"种子选手"吧!

(一)锂离子电池的工作原理

1. 基本结构

锂离子电池主要由正极、负极、隔膜等组成(图 4.1.1)。

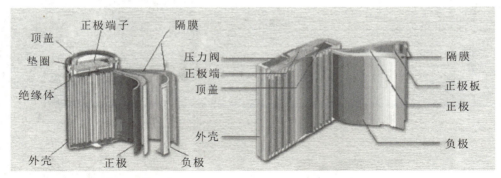

(a)圆柱形锂离子电池　　(b)长方形锂离子电池

图 4.1.1　锂离子电池的结构

锂离子电池的正极活性物质主要是在空气中化学性质稳定的嵌锂过渡金属氧化物,在这种物质中加入导电剂、树脂黏合剂,并均匀地涂抹覆盖在铝基体上,形成活性物质呈细薄层分布的正极。

锂离子电池的负极活性物质主要是碳材料与黏合剂的混合物,将这些物质加入有机溶剂调和成膏状,并涂抹覆盖于铜基上构成负极。

锂离子电池采用以混合溶剂为主体的有机电解质或聚合物,隔膜一般使用聚乙烯或聚丙烯材料的多微孔膜。隔膜不仅熔点较低,而且具有较高的抗穿刺强度。

2. 工作原理

根据锂离子电池所用的电解质材料不同,锂离子电池可以分为液态锂离子电池和聚合物锂离子电池两大类。液态锂离子电池使用的是液态电解质,而聚合物锂离子电池则使用的是聚合物电解质。但无论是液态锂离子电池还是聚合物锂离子电池,它们所用的正、负极材料都是相同的,工作原理也基本一致。

锂离子电池实际上是一种锂离子浓差电池,正、负极电极由两种不同的锂离子嵌入化合物组成。经过锂离子在正负电极之间的往返嵌入和脱嵌,形成电池的充电和放电过程。

从充放电的可逆性来看,锂离子电池反应是一种理想的可逆反应。

(二)锂离子电池的类型

锂离子电池有多种类型,常见的分类方法有如下几种。

1. 按电池的外形分类

按锂离子电池的外形分类,我们将锂离子电池分为圆柱形、长方形、扣式等不同类型。
圆柱形锂离子电池内部的电极呈卷绕式,用以提高容量,如图 4.1.2 所示。应用于汽车的锂离子电池,不仅需要大容量,而且需要多个电池串联,组成电池组,从而提高电池的输出电压。

(a)圆柱形锂离子电池单体

(b)电池组

图 4.1.2　圆柱形锂离子电池

长方形锂离子电池如图 4.1.3 所示。用作动力电池的大容量锂离子电池通常需要将多个电池串联起来组成电池组。

(a)长方形锂离子电池单体

(b)电池组

图 4.1.3　长方形锂离子电池

扣式锂离子电池如图 4.1.4 所示。此类电池通常是小容量的可充电电池。

图 4.1.4　扣式锂离子电池

2. 按照正极材料进行分类

锂离子电池的电化学性能主要取决于所用电极材料和电解质的结构及性能,尤其是正极材料,它不仅是电极的材料,而且是锂离子源。因此,正极材料的选择和质量,是影响锂离子电池性能的重要因素。常用正极材料包括氧化钴锂电极材料、氧化锰锂电极材料、磷酸(亚)铁锂电极材料以及氧化镍锂电极材料。

锂离子电池对正极材料的要求:①正极材料应具有较高的电极电势,以使电池有较高的输出电压;②嵌入化合物应能允许大量的锂离子进行可逆嵌入和脱嵌,以使电池得到较高的容量;③锂离子的嵌入和脱嵌可逆性好,主体结构不发生变化或变化很小,以使电池有长的循环寿命以及高的效率;④正极材料应有较好的电子电导率和离子电导率,以减小极化、降低电池内阻,满足大电流充放电的需求;⑤嵌入化合物在整个电压范围内的化学稳定性好,不与电解质等起化学反应;⑥电极材料必须与电池的其他材料有相容性,并且不溶于电解液;⑦从实用角度来说,正极材料应价格低廉且无污染,质量较轻。

1)氧化钴锂电极材料

氧化钴锂是锂离子电池使用最早的正极材料,并且具有电压高、放电平稳、适合大电流放电、比热容高、循环性好、制备简单等优点。但其耐过充电能力较差。升高充电电压虽然能提高充电的容量,但在充放电循环过程中会使电池容量很快下降,除此以外,随着氧化钴锂中锂含量的变化,会使电极材料强度变差并出现裂纹。

氧化钴锂正极还有一个不足是在电池温度较高时容易分解并产生氧气,这会影响到电池的使用寿命,给电池的安全性带来影响。

为了降低氧化钴锂电池的成本,提高其在较高温度时的循环性能,通常对氧化钴锂采用掺杂或包覆处理,掺杂的主要元素包括镁、铜、镍、铝、锌等元素及稀土元素。

2)氧化锰锂电极材料

锂锰氧化物主要有层状和尖晶石型两种。氧化锰锂电极材料的比容量相对较低,但电压较高而且相对价格较低。由于其脱氧时有良好的稳定性,因而在电池出现非正常使用时也不易出现异常。但尖晶石型有一个不足之处是其容量损失较大,主要原因是锰离子(Mn^{2+})会溶于电解质,导致锰大量损失,使其化学结构遭到破坏。因此,用氧化锰锂电极材料做成的锂离子电池的循环寿命通常只有 $350 \sim 400$ 次。

对于尖晶石型氧化锰锂电极材料的性能改善方法主要是减小其表面积,在电解液中加入相关的添加剂,掺杂阳离子或阴离子,以及表面处理等。需要注意的是,这些掺杂元素的加入量不能太多,过多会使电池的容量明显降低。

3)氧化镍锂电极材料

氧化镍锂电极材料比氧化钴锂便宜,但在制备过程中对热处理温度等条件有较高的要求,因此很难批量制备理想的氧化镍锂电极材料。

与氧化钴锂、氧化锰锂相比,氧化镍锂的热分解温度最低,而且放出的热量最多。这是因为充电后期处于高氧化态的镍离子不稳定,氧化性又强,不仅会氧化电解质,而且会放出热量和气体。当热量和气体聚集到一定程度时,会有爆炸的危险。

对于氧化镍锂电极材料的性能改善,通常处理方法有掺杂元素和涂覆。改善以下几个方面:提高脱嵌时的稳定性,从而提高电池的安全性;抑制容量衰减;降低不可逆容量,与负极材料达到较好的平衡;提高可逆容量。

4)磷酸(亚)铁锂电极材料

磷酸(亚)铁锂电极材料具有价格便宜、不吸湿、对环境友好、安全性好、可逆性好等优点,其中的磷酸离子可以稳定其化学结构、防止铁离子溶解。但磷酸(亚)铁锂电极会使电池在大电流放电时的利用率明显下降。

用磷酸(亚)铁锂做正电极的锂离子电池,电池的生产工艺要求较为严格,其批次生产的一致性比较差,这也使得这种电池的成本难以降低。此外,由于磷酸(亚)铁锂的电导率较低,使得电池的内阻较大,降低了电池大电流放电能力。为了提高其利用率,在制备方法上需要采用相应的改进措施,也可以通过掺杂的方法使其性能得到改善。

目前,用磷酸(亚)铁锂电极制成的锂离子电池已在电动自行车上有较为广泛的应用。

在动力电池系统构成中,包括了动力电池箱、动力电池模组、辅助元器件和 BMS 四部分。

以纯电动汽车的普莱德动力电池为例。

(1)动力电池箱。动力电池箱有承载及保护动力电池组及电气元件的作用,其材料一般为铸铝和玻璃钢。在动力电池箱的外部还包含有产品铭牌、动力电池包序号、出货检验标签、物料追溯编码以及高压安全警告标识。由于汽车的运行环境多变,因此对动力电池箱的散热、防水、绝缘和安全等设计要求很高。

(2)动力电池模组。动力电池模组是由数百只甚至数千只单体电芯通过串联或并联组合而成的,从而形成能输出高压、大电流的供电源。

(3)辅助元器件。辅助元器件主要由主继电器、预充继电器与预充电阻、加热继电器与加热保险、电流传感器、保险等组成。

①主继电器。主要包括主正继电器(图 4.1.5)和主负继电器。在普莱德电池中,主正继电器由 BMS 控制,主负继电器由整车控制。

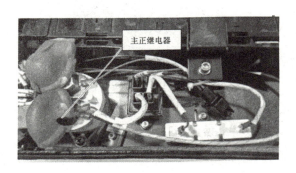

图 4.1.5　主正继电器

②预充继电器与预充电阻。预充继电器与预充电阻(图4.1.6)由BMS控制其闭合或断开。在充、放电初期需要闭合预充继电器进行预充电,例如充电初期需要给各单体电芯进行预充电,确定单体电芯无短路。放电初期需要低压、小电流给各控制器电容充电,当电容两端电压接近电池总电压时,预充完成后断开预充继电器,闭合总正继电器。

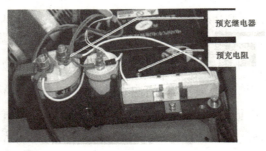

图4.1.6　预充继电器与预充电阻

③加热继电器和加热保险。由于磷酸(亚)铁锂电池高温性能好,而电池的温度会影响电池充电效果,所以磷酸(亚)铁锂电池增设了加热功能。在充电过程中当电芯温度低于设定值,BMS控制加热继电器闭合,通过加热保险接通加热膜电路。

④电流传感器。电流传感器用来监测充、放电电流的大小,电流传感器类型为无感分流器,在电阻的两端形成毫伏级的电压信号,用来监测总电流。

⑤保险。如图4.1.7所示为串联在电池组中间的保险,目的是防止能量回收过电压、能量回收过电流或放电过电流,其规格为电流250A、电压500V。

图4.1.7　串联在电池组中间的保险

(4)BMS。BMS是电池保护和管理的核心部件,它的作用相当于人的大脑,不仅要确保电池安全可靠地使用,而且要充分发挥电池的能力和延长使用寿命,BMS的作用如图4.1.8所示。

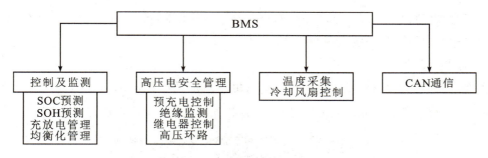

图 4.1.8 BMS 的作用

电池管理系统 BMS 的作用如下：

①通过电压、电流传感器采集动力电池组的串联模块电压、总电压和总电流，控制动力电池组的充放电，监控动力电池的状态，防止电池出现过充电和过放电，延长动力电池的使用寿命。

②作为动力电池和整车控制器以及驾驶人沟通的桥梁，并向整车控制器上报动力电池系统的基本参数、剩余电量及故障信息。

③具有高压回路绝缘检测功能，检测电池组与箱体、车体等之间的绝缘状况。

④通过对温度检测实现对动力电池过高温和过低温保护，具有控制动力电池的加热功能。

5）三元电极材料

三元电极材料是由镍盐、锰盐和钴盐合成的，其中镍、锰、钴的比例可根据实际需要进行调整。

三元电极材料合成容易、成本低、电化学容量高，并且具有较好的快速放电能力，循环性能也好；不足的是放电电压平台相对较低，首次充放电效率低。

下面以纯电动汽车的 SK 动力电池为例，介绍三元锂电池的组成部件及相关功能。

（1）动力电池箱。SK 动力电池箱体的上盖板为玻璃钢，玻璃钢是优良的绝缘材料；为了增加下盖板硬度和耐磨性，选择钢作为其材料，如图 4.1.9 所示。

图 4.1.9 动力电池箱

（2）动力电池模组。三个电芯并联成一个独立单体电池，再由91个独立电池模块串联，三元锂电池的单体电芯额定电压为3.7V左右。

（3）辅助元器件。

①继电器集成器。SK动力电池的继电器集成器如图4.1.10所示，它是将主正继电器、主负继电器、预充继电器和预充电阻进行了集成，各器件功能与之前所述相同。

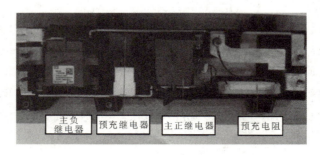

图4.1.10　继电器集成器

由于三元锂电池的低温性能更好、密度更大，所以减少了加热片、加热继电器与加热保险。

②电流传感器。SK动力电池的电流传感器与普莱德电池的作用相同，采用了霍尔式电流传感器。

③手动维修开关和熔断器。电动汽车所用电压一般都是不小于300V的高压电，为了避免由于操作不当造成的电击危险以及过载、短路引起的电气部件的损坏，需要在汽车电路大电流主干线上安装手动维修开关。手动维修开关是保证电动汽车高压电气安全的关键部件，位于动力电池组箱体的中间位置，如图4.1.11所示。

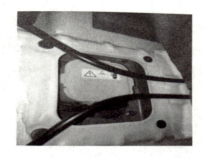

图4.1.11　维修开关

手动维修开关在电动汽车电路中起到保护电源的作用。在出现紧急情况、进行高压系统维修保养或进行动力电池维护安装时，应及时断开手动维修开关，将动力电池包的电流断开，避免因为维修人员操作不当而引发的电击情况，保护维修人员安全。它的防护等级为 IP55。

手动维修开关内部装有 250A 熔断器,如图 4.1.12 所示。在高压系统出现短路危险时,内置熔断器熔断以保护高压系统安全。其中还内置两套高压互锁信号,如图 4.1.13 所示。

图 4.1.12　熔断器

图 4.1.13　高压互锁信号

④BMS 如图 4.1.14 所示。

图 4.1.14　BMS

它的主要功能包括:①与外部通信;②控制负极继电器;③检测内、外部总电压;④检测充、放电电流;⑤检测单体电压和电芯温度;⑥保护动力电池寿命和安全;⑦控制预充继电器。

3. 按照负极材料进行分类

提高负极材料对锂离子的嵌入和脱嵌能力,是提高锂离子电池容量的主要途径,因此对负极材料尤其是碳素材料的研究备受关注。锂离子电池负极材料经历了由金属锂到锂合金、碳素材料、氧化物再回到纳米合金的演变过程。

锂离子电池对负极材料的要求:①在锂离子嵌入的过程中电极电势变化较小,以使电池有较高的输出电压;②嵌入锂的数量尽可能大,以使电池有较高的比容量和较高的扩散速率;③在电极材料内部和表面具有较多的锂离子扩散通道和较大的扩散速率;④在电压变化范围内,化学稳定性和热稳定性好,不与电解质发生反应;⑤锂离子的嵌入和脱嵌应可逆,并且不会引起基体明显的变化,以确保电池有良好的可逆性能;⑥价格低廉,容易制备,不污染环境。

1)碳负极材料

碳负极材料价格低廉且无毒性,在放电状态处于空气中也比较稳定,替代活泼的金属锂可避免产生枝晶,电池内部不易短路,使得电池的安全性有很大的提高,并延长了电池的使用寿命。性能优良的碳素材料有充放电可逆性好、容量大和放电平台(平衡电位)低等优点。

2)合金类负极材料

除了用碳负极材料替代金属锂,解决金属锂因高活泼性所引发的锂电池的安全性问题和循环性差的缺陷,人们还研究用合金代替锂做负极材料,用以克服锂负极材料的不足。

相对于金属锂,锂合金负极避免了枝晶的生长,提高了安全性。然而,在充放电循环过程中,锂合金会产生较大的体积变化,这会使合金结构逐渐损坏,导致电极材料粉化失效。电池循环寿命短的问题仍然存在,因此需要有相应解决方案。

3)氮化物负极材料

用作固体电解质的氮化物具有很好的离子导电性,但其分解电压很低,只有 0.44V,不宜直接作为电极材料,而过渡金属氮化物则有较好的化学稳定性和电子导电性。

4)氧化物负极材料

可作为锂源的含锂氧化物曾是锂离子电池负极材料的首选,当碳负极材料逐渐发展为主流方向后,人们仍未放弃对氧化物负极材料的研究。用作锂离子电池负极材料的氧化物主要是过渡金属(如锡、铁、钼、钛等)的氧化物。其中,锡氧化物因其低嵌锂电压、高比容量而备受关注,曾被认为是锂离子电池碳负极材料最有希望的替代物。

锂离子电池的分类有很多种,每一种都有各自的特点和优势,主要区别在于它们的负极材料不同。

学习内容二　锂离子电池的性能

知识目标

掌握锂离子电池的充电特性、放电特性、内阻、容量及其特点。

能力目标

(1)能够分析锂离子电池的充放电特性及影响因素。
(2)能够分析锂离子电池的内阻及影响因素。
(3)能够分析锂离子电池的储存与自放电特性。
(4)能够分析锂离子电池的容量及影响因素。

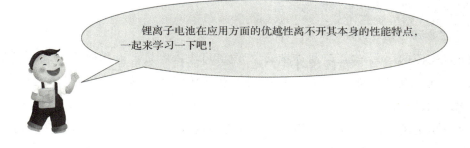

(一)锂离子电池的充放电特性

1. 锂离子电池的充电特性

锂离子电池先恒流后恒压的充电特性曲线如图4.2.1所示。

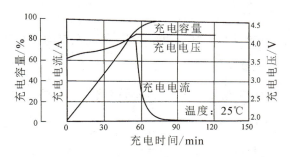

图 4.2.1　锂离子电池充电特性曲线

锂离子电池的充电特性主要由其正负极材料决定,通过分析电池的充电曲线可以得到一些电池的最基本特性信息,以及锂离子电池在充电时应该如何保护。

锂离子电池充电分为两个阶段,先恒流充电后恒压充电:在恒流充电阶段电池发生吸热反应,单体电池电压逐渐升高;当电池电压上升至充电电压最高值时,电池的荷电状态已达到80%～90%,电池转入恒压充电。在恒压充电阶段随着充电的进行,充电电流逐渐下降。当电流下降到0.02C(A)时应停止充电。锂离子电池如果持续用恒电流充电,会使单体电池迅速上升到5V以上,导致过充电。

锂离子电池的最高充电电压与其电极材料密切相关。如果锂离子电池的最高充电电压设置过高,就会导致其过充电。

锂离子电池必须严格防止过充电,因为过充电会使电池负极出现金属锂,这不仅阻碍锂离子的嵌入和脱嵌,而且会使太多锂嵌入正极,使正极结构遭到破坏;电解质溶剂会发生分解,大量排气,而且温度升高,最终导致电池温度过高而损坏,甚至起火爆炸。

2. 锂离子电池充电特性的影响因素

1)充电电流对充电特性的影响

随充电电流的增大,恒流时间逐步减少,恒流可充入容量和能量也逐步减少。因此,在电池允许的充电电流范围,增大充电电流,虽然可恒流充入的容量和能量将减少,但有助于总体充电时间的减少。

在实际电池组应用中,可以以锂离子电池允许的最大充电电流充电,达到限压后,进行恒压充电,这样,在减少充电时间的基础上,也保证了充电的安全性。但充电电流的增加,也将带来电池内阻能量损耗的增加。

2)放电深度对充电特性的影响

随放电深度增加,充电所需时间增加,但平均每单位容量所需的充电时间减少,即充电时间的增加同放电深度增加不成正比。等安时充放电效率有所降低,但降低幅度不大。

3)充电温度对充电特性的影响

随环境温度降低,电池的可充入容量明显降低,而充电时间明显增加。

3. 锂离子电池的放电特性

锂离子电池的放电特性与其电极材料也密切相关,例如,终止电压、放电速率等都受制于材料,其放电特性曲线如图4.2.2所示。

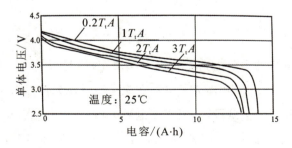

图4.2.2 锂离子电池放电特性曲线

从锂离子电池的放电特性曲线可知,放电电流越大,电池的放电电压就越低,电压下降越快,放电终止电压也越低且出现得越早。其放电进程与其他蓄电池相似,开始时电压下降较快,但很快有一个放电电压平稳阶段;当接近放电终了时,放电电压会迅速下降;当电压降至终止电压时,应该立刻停止放电,否则,电池会因过放电而损坏。

4. 放电特性影响因素

在放电特性方面,我们主要讨论不同温度环境下,不同放电率对锂离子电池放电特性的影响。在低温情况下,电池的放电电压较低,尤其在放电初期,同样的放电电流下,电池电压将出现一个急剧的下降,所以放电能量偏低。在放电中期,放电消耗在电池内阻上的能量使得电池自身的温度升高,锂离子电池活性物质的活性增加。在放电后期,电池电压降低,单位时间放出的能量随之降低。在同一温度,同样的放电终止电压下,不同的放电结束电流,可放出的容量和能量有一定的差别。

(二)锂离子电池的内阻及影响因素

与其他蓄电池相似,锂离子电池的内阻大小与其额定容量、荷电状态、温度等相关。

1. 电池内阻与电池额定容量的大小

锂离子电池的额定容量大、内阻小,这种容量与内阻成反比的关系是各类蓄电池的共性。

2. 电池内阻与电池荷电状态的关系

锂离子电池在荷电状态为50%以上时,电池的内阻随荷电状态的改变几乎不变;而荷电状态在50%以下时,电池内阻会因荷电状态的不同而改变。尤其是在接近放电终了时,电池内阻随荷电状态的下降而迅速增大。

锂离子电池的荷电状态与内阻没有线性关系,因而不可能通过检测电池内阻来判断荷电状态。

3. 电池内阻与温度的关系

由于锂离子电池的电解质在低温状态下的导电率较低,因而在温度降低时,锂离子电池的内阻会明显增大,这是导致其低温性能差的主要原因。

4. 电池内阻与循环次数的关系

锂离子电池在充放电循环过程中,由于电极表面的钝化膜增厚或电极材料晶格被逐渐破坏等原因,电池的内阻会因循环次数的增加而增大。

从总体上看,锂离子电池的内阻较大,这使得锂离子电池在大功率输出时,其比能量会大幅下降,而且温度会升高很多。因此,锂离子电池大电流输出能力差、启动性能不好,大电流输出时安全性低。

(三)锂离子电池自放电特性与储存

1. 锂离子电池的自放电

根据自放电对电池的影响不同,可将自放电分为两种:损失容量能够可逆得到补偿的自放电和损失容量无法可逆补偿的自放电。

(1)损失容量能够可逆得到补偿的自放电

此类蓄电池自放电造成的容量损失可通过充电得到恢复。可逆容量损失的原因是,电池在存放过程中内部发生了与电池正常放电反应一致的可逆放电反应。但与正常放电反应不同的是,正常放电电子路径为外电路,并且反应速度很快;自放电的电子路径是电解液,自放电的可逆反应速度很缓慢。

(2)损失容量无法可逆补偿的自放电

此类蓄电池自放电造成的容量损失无法通过充电恢复。当电池存放过程中内部发生了不可逆反应时,所造成的容量损失即为不可逆容量损失。

2. 自放电与存放时间及温度

锂离子电池的自放电速率与储存温度密切相关,其储存性能还与储存前电池的荷电状态有关。锂离子电池自放电特性如表 4.2.1 所示。

表 4.2.1　锂离子电池自放电特性

储存温度/℃	0	0	40	40	50	50
荷电状态/%	50	100	50	100	50	100
存放时间/周	8	8	8	8	16	16
容量保持/%	98	97	99	98	91	81

(四)锂离子电池的容量及影响因素

在 QC/T 743—2006《电动汽车用锂离子蓄电池》中规定了 3 h 率放电容量:充满电的蓄电池以 I_3(A)电流放电至蓄电池电压降到 3.0 V 时停止放电,蓄电池所放出的电量即为该蓄电池的 3 h 放电率容量。

在不同的放电条件及使用环境下,锂离子电池的实际容量会有所不同。影响蓄电池放电容量的主要因素有放电电流、温度及充电电压等。

1. 放电电流对放电容量的影响

锂离子电池的正极材料不仅影响锂离子电池的充放电电压,而且影响电池的实际放电容量。蓄电池的放电电流越大,电池的放电电压就越低,放电的时间也越短,所能放出的容量也就越小。

2. 温度对放电容量的影响

锂离子电池的工作温度一般在－20 ℃～60 ℃。温度对锂离子电池的影响也比较大,在相同终止电压下,温度越低,锂离子电池的电压就越低,放电容量也越小。

3. 充电电压对放电容量的影响

充电终止电压也会影响锂离子电池的放电容量。提高充电终止电压可增加电池的放电容量,但实际使用过程中应该严格执行锂离子电池充电终止电压标准,因为提高电池充电终止电压会缩短电池的寿命,尤其在低温下这种影响更严重。

充电电压较高时,容易引起正极材料的分解,电解质的性能也容易衰退。此外,由于隔膜直接与处于高电位的正极材料接触,较高的充电电压容易使隔膜氧化,导致其性能下降。

总之,提高充电终止电压会对锂离子电池的寿命产生负面影响。如果充电终止电压过高,而使电池过充电,则还会有引起电池温度过高、起火甚至爆炸的危险。

有关锂离子电池的充放电特性、内阻、储存、容量等性能特点以及影响因素,大家要学会分析哦!

学习内容三　锂离子电池的应用

 知识目标

掌握锂离子电池的分析测试内容及应用。

🔑 能力目标

(1)学会锂离子电池的分析测试方法。
(2)学会分析锂离子电池的特点。
(3)能够列举锂离子电池的应用。

前面我们提到，锂离子电池应用更为广泛，那么具体有哪些方面的应用呢？一起来看看吧。

(一)锂离子电池的分析测试

锂离子电池的分析测试不仅对保证动力电池的质量非常重要，而且也直接影响到电动汽车的安全性和使用性能。锂离子动力电池的分析测试主要包括电池安全性测试评价、电化学性能的测试评价等几个方面。

1. 锂离子电池安全性测试评价

主要包括过充电、过放电、外部短路、强制放电等电测试，落体冲击、针刺、振动等机械测试，着火、沙浴、热冲击等热测试，降压、高度、浸泡、耐菌性等环境测试。

(1)标准充电方法。电池在(20 ± 5)℃条件下以 $1I_3$(A)电流恒流充电，至电池电压达到4.2V 时转恒压充电，至充电电流降至 $0.1I_3$ 时停止充电。

(2)过放电试验。电池在(20 ± 5)℃条件下以 $1I_3$(A)电流恒流充电，至电池电压达到4.2 V时转恒压充电，至充电电流降至 $0.1I_3$ 时停止充电。静置一小时，在(20 ± 5)℃条件下以 $1I_3$(A)电流恒流放电，至电池电压达到 0V 时，电池应不漏液、不起火和不爆炸。

(3)过充电试验。电池按过放电试验的方法进行放电后，可按以下两种充电方法进行试验。

①以 $3I_3$(A)电流充电，至蓄电池电压达到 5V 或者充电时间达到 90min(任何一个条件先达到即可停止充电)。

②以 $9I_3$(A)电流充电，至蓄电池电压达到 10V 或者充电时间达到 90min(任何一个条件先达到即可停止充电)，电池应不漏液、不起火和不爆炸。

(4)短路试验。电池按标准充电方法充电后，将电池经外部短路 10min，外部线路电阻应小于 $5m\Omega$。电池应不漏液、不起火和不爆炸。

(5)跌落试验。电池按标准充电方法充电后，在(20 ± 5)℃条件下，从 1.5m 高度处自由落到厚度为 20mm 的硬木板上，电池每个面进行一次，电池应不漏液、不起火和不爆炸。

(6)加热试验。电池按标准充电方法充电后，将其置于(85 ± 5)℃的恒温箱内，并保持

120min,电池应不漏液、不起火和不爆炸。

(7)挤压试验。电池按标准充电方法充电后,按下列条件进行试验,电池应不漏液、不起火和不爆炸。

①挤压方向:垂直于电池电极板方向。

②挤压头的面积:不小于 20 cm²。

③挤压程度:直至电池壳体破裂或内部短路,电池电压降为 0 V。

(8)针刺试验。电池按上述方法充电后,用 $\phi3$ mm～$\phi8$ mm 耐高温针,以 10～40 mm/s 的速度,从垂直于电池极板的方向贯穿,并停留在电池中,电池应不漏液、不起火和不爆炸。

2. 锂离子电池电化学性能测试评价

主要包括容量、内阻、电压、自放电、存储性能、高低温性能、循环性、充放电性能等。

1)容量

影响因素:温度、充放电电流、终止电压、充放电设备的精度等。

常温测试:电池在(20±5)℃的温度下以 1C 电流放电到终止电压所获得的容量。

高温测试:电池在(55±5)℃的温度下以 1C 电流放电到终止电压所获得的容量。

2)内阻

影响因素:电池结构、原材料、电解质溶液含量、荷电状态等。

交流法测内阻:通过交流内阻测试仪器进行测量。

动态法测内阻:通过脉冲试验的方法进行测试。

3)平台电压、平台容量

影响因素:原材料性能、电池内阻等。

平台电压:电池放电过程中电压变化最慢的一段时间锂电池的电压。平台电压决定了电池使用中的有效容量的大小。

平台容量:电池放电至平台电压时的放电容量。

4)循环寿命

影响因素:电极材料、电解质溶液、隔膜及制造工艺,电池使用过程中的温度、充放电倍率、充放电制度、保护电路的耗电量、负载的耗电量等。

(二)锂离子电池的特点

相对于其他类型的电池,锂离子电池具有以下显著的特点:①工作电压高。②能量密度高。③循环寿命长。④自放电小。⑤无记忆效应。⑥环保。

51

(三)锂离子电池的应用

随着移动电子设备的迅速发展和能源需求的不断增大,人们对锂离子电池的需求也越来越大。锂离子电池的高容量、适中的电压、广泛的来源及其循环寿命长、成本低、性能好、对环境无污染等特点,决定了它不仅可以应用于移动通信工具,还可能成为现在正迅速发展的电动汽车的动力电源。

(1)便携式电器方面。目前移动电话、笔记本电脑、微型摄像机等需要便携式电源的用电器已经成为人们生活中不可缺少的一部分。其电源大多为锂离子电池。

(2)交通行业方面。随着社会文明的进步,人们环保意识增强并对环境要求日益提高,环保的交通工具已经进入人们的视野。目前,我国以电动自行车为主的电动轻型车呈现出蓬勃发展的趋势,锂离子动力电池已经应用于部分高端车型。在电动汽车开发方面,锂离子动力电池已经成为主流。

(3)其他锂离子电池。锂离子电池的结构特点和特殊的工作原理,决定了其原材料丰富、环保、比容量高、循环性能和安全性能好等特点。锂离子电池在医疗行业、石化行业、电力行业等均有广阔的应用前景。

锂离子电池广泛应用于水力、风力等储能电源系统,以及电动工具等多个领域。目前锂离子电池已逐步向电动汽车等领域拓展。

复习题

一、填空题

1. 锂离子电池主要由_____、_____、隔膜等组成。

2. 根据锂离子电池所用的电解质材料不同,锂离子电池可以分为_____和_____锂离子电池两大类。

3. 在动力电池系统构成中,包括了_____、动力电池模组、BMS和_____四部分。

二、判断题

1.无论是液态锂离子电池还是聚合物锂离子电池,它们所用的正负极材料都是相同的,工作原理也基本一致。(　　)

2.动力电池模组是由数百只甚至数千只单体电芯通过串联或并联组合而成的,从而形成能输出高压、大电流的供电源。(　　)

3.辅助元器件主要由主继电器、预充继电器与预充电阻、加热继电器与加热保险、电流传感器、保险等组成。(　　)

三、简答题

1.电动汽车锂离子动力电池的基本构成有哪些?

2.锂离子动力电池的正极材料有哪些类型?

3.锂离子动力电池有什么优点?

学习单元五

燃料电池

 引入

　　燃料电池作为一种新型化学电源,是继火电、水电和核电之后的第四种发电方式。虽然燃料电池技术还不如其他化学电池成熟,但其发展历程实际上比许多化学电池还要久远。

学习内容一　燃料电池的概述

 知识目标

　　(1)掌握燃料电池的概念、基本原理与分类。
　　(2)掌握燃料电池的特点及应用。

能力目标

　　(1)能够说出燃料电池的种类及特点。
　　(2)能够概括燃料电池的基本原理。

燃料电池是将持续供给的燃料和氧化剂中化学能连续不断地转化为电能的化学装置。下面让我们一起来认识吧!

　　燃料电池与普通化学电池类似,两者都是通过化学反应将化学能转换成电能。然而从实际应用角度看,两者之间存在着较大差别。普通电池是将化学能储存在电池内部的化学物质中。当电池工作时,这些有限的物质发生反应,将储存的化学能转变成电能。因此,实际上普通的电池只是一个有限的电能输出和储存装置。但是燃料电池与常规化学电池不同,更类似于汽油或柴油发动机。它的燃料(主要是氢气)和氧化剂(纯氧气或空气)不是储存在电池内,而是储存在电池外的储罐中。当电池发电时,需连续不断地向电池内送入燃料和氧化剂,排出反应生成物——水。燃料电池本身只决定输出功率的大小,其发出的能量由储罐内燃料与氧化剂的量来决定。因此,确切地说,燃料电池是个适合车用的、环保的氢氧发电装置,它的最大特点是反应过程不涉及燃烧,其能量转换效率可高达80%,实际使用效率则是普通内燃机的2～3倍。

(一)燃料电池的概念和特点

1. 燃料电池的概念

燃料电池是一种将燃料(氢气等)的化学能通过电极反应直接转换成电能的装置。将氢气和氧气分别送入燃料电池后,即可从其正极和负极输出电能。从外表上看,燃料电池与蓄电池相同,有正极、负极、电解质等;但燃料电池不能通过充电的方法储电,只是一种通过不断消耗燃料来输出电能的能量转换装置,通常也称发电装置。

2. 燃料电池的特点

燃料电池被称为发电装置,是因为它通过燃料的氧化还原反应直接输出电能,即利用水电解的逆反应发电。燃料电池不是封闭体系,它的最大特点是正、负极本身不包含活性物质。工作时,活性物质是从电池的外面连续不断地注入,即将反应物从外界不断地输送到电极上进行反应,可持续提供电能。正因如此,燃料电池也被称为连续电池。

燃料电池具有的特点:能量转换效率高;发电环境友好;采用模块结构,方便耐用;响应性好,供电可靠;适用的燃料多种多样;结构简单,机械加工及维护方便。

尽管燃料电池有上述优点,小范围的应用也取得了良好的效果,但还有若干关键技术待突破。燃料电池亟待解决的关键问题:成本太高,致使燃料电池无法普及;高温时使用寿命及稳定性还不够理想;还没有建立完善的燃料供应体系。

(二)燃料电池的组成

图5.1.1所示为燃料电池单元结构。

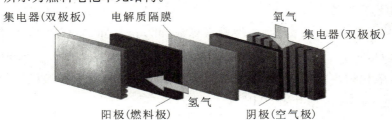

图5.1.1 燃料电池单元结构

1. 电极

燃料电池的电极是燃料发生氧化反应与氧化剂发生还原反应的电化学反应场所,其性能的好坏取决于电极的材料与电极的结构等。

电极主要可分为两部分,阳极(燃料极)和阴极(空气极),其结构与一般电池的不同之处在于燃料电池的电极多为多孔结构。电极设计成多孔结构的主要原因是燃料电池所使用的燃料及氧化剂大多为气体(例如氧气、氢气等),而气体在电解质中的溶解度并不高,用多孔结构的电极可以增加参与反应的电极表面积,提高燃料电池的实际工作电流密度,从而提高燃料电池的化学反应效率,而此设计也是燃料电池能从理论研究阶段步入实用化阶段的关键原因之一。

2. 电解质隔膜

电解质隔膜的主要功能在分隔氧化剂与还原剂,并传导离子,故电解质隔膜越薄越好,但也需顾及强度,就现阶段的技术而言,其一般厚度在数十毫米至数百毫米。电解质隔膜材质目前主要有两个发展方向:一是改变膜厚度和电池结构,二是开发多层膜、改良膜以提高热稳定性。

3. 集电器

集电器又称为双极板,具有收集电流、分隔氧化剂与还原剂、疏导反应气体等功能,集电器的性能主要取决于其材料特性及其加工技术。

(三)燃料电池的分类

燃料电池的分类有多种方法,可按照其工作温度、燃料种类和电解质类型进行分类。

(1)按照工作温度,燃料电池可分为:低温型(工作温度低于 200 ℃),中温型(工作温度 200～750 ℃),高温型(工作温度高于 750 ℃)。

(2)按照燃料的种类,燃料电池也可分为:直接式燃料电池,即燃料直接使用氢气;间接式燃料电池,其燃料通过某种方法把甲烷、甲醇或其他类化合物转变成氢气或富含氢的混合气后再供给燃料电池;再生燃料电池,是指把电池生成的水经适当方法分解成氢气和氧气,再重新输送给燃料电池。

(3)按照电解质类型,可分为:碱性燃料电池(alkaline fuel cell,AFC),磷酸燃料电池(phosphoric acid fuel cell,PAFC),熔融碳酸盐燃料电池(molten carbonate fuel cell,MCFC),固体氧化物燃料电池(solid oxide fuel cell,SOFC),质子交换膜燃料电池(proton exchange membrane fuel cell,PEMFC)。

(四)燃料电池的工作原理

燃料电池基本原理相当于电解反应的可逆反应。燃料及氧化剂在电池的阴极和阳极上借助催化剂的作用,电离成离子,离子能通过两电极间的电解质在电极间迁移,在阴极、阳极间形成电压。在电极同外部负载构成回路时就可向外供电。目前最常见的是氢-氧型燃料电池。燃料电池原理如图 5.1.2 所示。

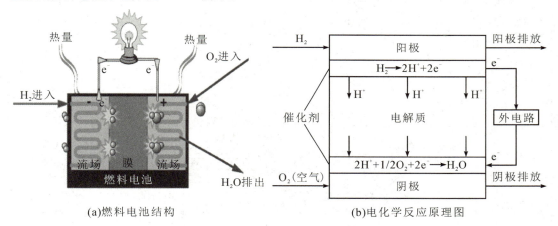

(a)燃料电池结构　　　　　　　(b)电化学反应原理图

图 5.1.2　燃料电池结构与电化学反应原理图

其化学反应原理为:

(1)氢气通入阳极,在催化剂作用下,一个氢分子分解为两个氢离子,并释放出两个电子,阳极反应为

$$H_2 \longrightarrow 2H^+ + 2e^-$$

(2)在电池另一端,氧气或空气到达阴极,同时,氢离子穿过电解质到达阴极,电子通过外电路到达阴极。

(3)在阴极催化剂的作用下,氧气和氢离子与电子发生反应生成水,阴极反应为

$$\frac{1}{2}O_2 + 2H^+ + 2e^- \longrightarrow H_2O$$

(4)总的化学反应为

$$H_2 + \frac{1}{2}O_2 \longrightarrow H_2O$$

燃料电池与普通化学电池的相同点和不同点体现在哪里?

各种燃料电池的特点比较如表 5.1.1 所示。质子交换膜燃料电池工作温度低、启动时间短、效率较高,是电动汽车用燃料电池的最佳选择。

表 5.1.1　各种燃料电池的特点比较

项目	碱性燃料电池	磷酸燃料电池	质子交换膜燃料电池	熔融碳酸盐燃料电池	固态氧化物燃料电池
电解质	氢氧化钾水溶液	磷酸水溶液	质子交换膜	碱性碳酸盐	氧化锆陶瓷
工作温度/℃	70~200	150~200	50~100	600~800	650~1000
燃料	H_2	H_2	H_2、甲醇、天然气等	CO、H_2	CO、H_2
氧化剂	O_2	空气	空气或 O_2	空气	空气
启动时间	几分钟	2~4h	几分钟	>10h	>10h
主要优点	启动快,效率高,可室温下工作	对 CO 不敏感	启动快,比功率高,工作温度低,寿命长	效率高,无须贵重金属作催化剂	效率高,无须贵重金属作催化剂
主要缺点	需用纯氧作氧化剂,有腐蚀	效率较低,有腐蚀	对 CO 不敏感	工作温度较高,控制复杂,有腐蚀	工作温度高,控制复杂,有腐蚀
主要应用领域	航天、军事、电动汽车	大客车、中小电厂	航天、军事、电动汽车	大型电厂	大型电厂

燃料电池与传统电池的异同:
(1)相同点。都是将活性物质的化学能转变为电能。
(2)不同点。燃料电池本身不存储活性物质,而只是一个催化转换元件。

学习内容二　燃料电池

知识目标

(1)掌握碱性燃料电池的结构、工作原理及特点。
(2)掌握磷酸燃料电池的结构、工作原理及特点。
(3)掌握熔融碳酸盐燃料电池的工作原理及特点。

(4)掌握固体氧燃料电池结构原理及特点。

(5)掌握质子交换膜燃料电池基本组成与原理。

(6)掌握直接甲醇燃料电池的结构与工作原理。

(7)掌握燃料电池电动汽车的构成和发展概况。

能力目标

(1)能够总结碱性燃料电池的结构原理及特点。

(2)能够总结磷酸燃料电池的结构原理及特点。

(3)能够总结熔融碳酸盐燃料电池的结构原理及特点。

(4)能够总结固体氧燃料电池的结构原理及特点。

(5)能够总结质子交换膜燃料电池的结构原理及特点。

(6)能够总结直接甲醇燃料电池的结构原理及特点。

根据燃料电池电解质的类型,可将其分为五种主要的燃料电池:质子交换膜燃料电池(PEMFC)、碱性燃料电池(AFC)、磷酸燃料电池(PAFC)、熔融碳酸盐燃料电池(MCFC)和固体氧化物燃料电池(SOFC)。

(一)质子交换膜燃料电池

1. 质子交换膜燃料电池的结构

质子交换膜燃料电池的发电过程不涉及氢氧燃烧,不受卡诺循环的限制,能量转换率高;发电时不产生污染,发电单元模块化,可靠性高,组装和维修都很方便,工作时也没有噪声。所以,它是一种清洁、高效的绿色环保电源。

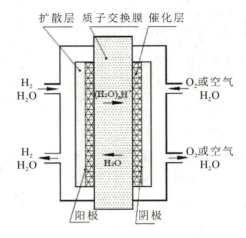

图 5.2.1 质子交换膜燃料电池结构

如图 5.2.1 所示,其单电池由阳极、阴极和质子交换膜组成,阳极为氢燃料发生氧化的场所,阴极为氧化剂还原的场所,两极都含有加速电极电化学反应的催化剂,质子交换膜作为电解质。工作时相当于一直流电源,其阳极即电源负极,阴极为电源正极。

2. 质子交换膜燃料电池的工作原理

如图 5.2.2 所示,质子交换膜两电极的反应式为:

阳极反应式:

$$2H_2 - 4e^- = 4H^+$$

阴极反应式:

$$O_2 + 4e^- + 4H^+ = 2H_2O$$

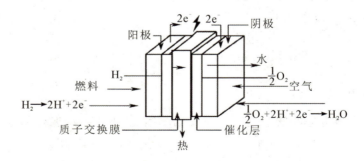

图 5.2.2 质子交换膜燃料电池工作原理

氢气在阳极催化剂的作用下发生氧化反应,生成阳离子并给出自由电子;氧气在阴极催化剂的作用下发生还原反应,得到电子并产生阴离子。阳极产生的阳离子或者阴极产生的阴离子通过质子导电,而对电子绝缘的电解质运动到相对应的另外一个电极上,生成反应产物并随未反应完全的反应物一起排到电池外。与此同时,电子通过外电路由阳极运动到阴极,使整个反应过程达到物质的平衡与电荷的平衡,外部用电器就获得了燃料电池所提供的电能。

3. 质子交换膜燃料电池的组成部件

1)膜电极

膜电极通常由气体扩散层、催化剂层、质子交换膜等组成。它是质子交换膜燃料电池的核心部件。

2)双极板

双极板又称集流板,放置在膜电极的两侧,可将各单体电池串联起来。双极板的两侧分别与相邻两个单体电池的阳极和阴极接触,无须导线便可将各电池单体串联起来。在燃料电池工作过程中,双极板起到分隔氧化剂与还原剂和收集电流、传导反应的热量等作用。

4. 质子交换膜燃料电池系统

组成质子交换膜燃料电池的基本单元是单体燃料电池,单体电化学电动势大约1 V,其每平方厘米电流约为百毫安量级,必须通过单体电池的串联和并联形成具有一定功率的电池组,才能满足绝大多数用电负载的需求。除此之外,为保证燃料电池组成为一个连续、稳定的供电电源,还必须为系统配置氢燃料储存单元、空气供给单元、电池组湿度与温度调节单元、功率变换单元及系统控制单元等。质子交换膜燃料电池系统如图5.2.3所示。

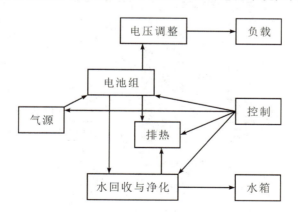

图 5.2.3　质子交换膜燃料电池系统示意图

(二)碱性燃料电池

碱性燃料电池是最先被研究、开发并成功应用的燃料电池。

1. 碱性燃料电池结构与工作原理

1)碱性燃料电池的结构

碱性燃料电池是以强碱(KOH、NaOH)为电解质,氢气为燃料,纯氧或脱除微量二氧化碳的空气为氧化剂,采用对氧电化学还原具有良好催化活性的 Pt/C、Ag、Ag-Au、Ni 等为电催化剂制备的多孔气体扩散电极为氧电极,以 Pt-Pd/C、Pt/C、Ni 或硼化镍等具有良好催化氢电化学氧化的电催化剂制备的多孔气体电极为氢电极。以无孔炭板、镍板或镀镍甚至镀银、镀金的各种金属(如铝、镁、铁等)板为双极板材料,在板面上可加工各种形状的气体流动通道构成的双极板。

2)碱性燃料电池的工作原理

碱性燃料电池的电解质可循环使用,其工作原理如图 5.2.4 所示。

阳极反应式:
$$2H_2 + 2OH^- \longrightarrow 2H_2O + 4e^-$$

阴极反应式:
$$O_2 + 2H_2O + 4e^- \longrightarrow 4OH^-$$

总反应式:
$$O_2 + 2H_2 \longrightarrow 2H_2O$$

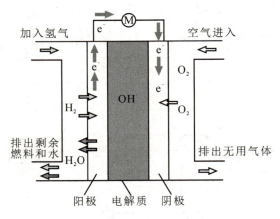

图 5.2.4 碱性燃料电池的工作原理

2. 碱性燃料电池的特点

碱性燃料电池与其他类型燃料电池相比,具有以下特点:

(1)碱性燃料电池具有较高的转化效率(50%～55%)。

(2)工作温度大约为 80℃,它的启动很快,但其电力密度较低。

(3)性能可靠,可用非贵金属作为催化剂。

(4)碱性燃料电池是燃料电池中生产成本最低的一种电池。

(5)碱性燃料电池使用具有腐蚀性的液态电解质,具有一定的危险性且容易造成环境污染。

(三)磷酸燃料电池

磷酸燃料电池是以浓磷酸为电解质的中温型燃料电池。

1.磷酸燃料电池结构与工作原理

1)磷酸燃料电池的结构

磷酸燃料电池的电池片由基材及肋条板触媒层所组成的燃料电极,保持磷酸的电解质层,与燃料极具有相同构造的空气电极构成。磷酸燃料电池结构图如图5.2.5所示。

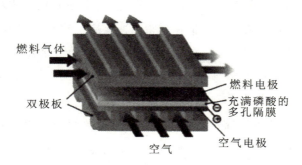

图5.2.5 磷酸燃料电池结构图

2)磷酸燃料电池的工作原理

如图5.2.6所示,电池中采用的是100%磷酸电解质,氢气燃料被加入阳极,在催化剂作用下被氧化成为质子,同时释放出两个自由电子。氢质子和磷酸结合成磷酸合质子,向正极移动。电子向正极运动,而水合质子通过磷酸电解质向阴极移动。因此,在正极上,电子、水合质子和氧气在催化剂的作用下生成水分子。具体的电极反应式如下:

阳极反应式:

$$H_2 + 2e^- \longrightarrow 2H^+$$

阴极反应式:

$$O_2 + 4H^+ \longrightarrow 2H_2O + 4e^-$$

总反应式:

$$O_2 + 2H_2 \longrightarrow 2H_2O$$

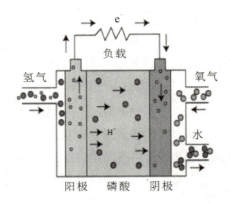

图 5.2.6　磷酸燃料电池工作原理

2. 磷酸燃料电池的特点

(1) 磷酸燃料电池的工作温度要比质子交换膜燃料电池和碱性燃料电池的工作温度略高,为 150~200℃,但仍需电极上的铂催化剂来加速反应。较高的工作温度也使其对杂质的耐受性较强,当其反应物中含有 1%~2% 的一氧化碳和百万分之几的硫时照样可以工作。

(2) 磷酸燃料电池的效率比其他燃料电池低,约为 40%,其加热的时间也比质子交换膜燃料电池长。

(3) 磷酸燃料电池具有构造简单、稳定、电解质挥发度低等优点。它可用作公共汽车的动力,而且有许多这样的系统正在运行,不过这种电池很难用在轿车上。目前,磷酸燃料电池已成功应用,有许多发电能力为 0.2~20MW 的工作装置为医院、学校和小型电站提供电力。

(四) 熔融碳酸盐燃料电池

熔融碳酸盐燃料电池是由多孔陶瓷阴极、多孔陶瓷电解质隔膜、多孔金属阳极、金属极板构成的燃料电池,其电解质是熔融态碳酸盐。它为高温燃料电池(500~800℃),依靠熔融碳酸盐(通常为锂-钾碳酸盐或锂-钠碳酸盐)传导离子,被传导的离子是碳酸离子。熔融碳酸盐燃料电池的电极反应不同于其他的燃料电池,其主要差异在于阴极处必须供给二氧化碳。

因二氧化碳可从阳极中回收,故不需要外部的二氧化碳供应源。熔融碳酸盐燃料电池不用纯氢,而是使用碳氢化合物。高温燃料电池的主要优点是几乎能直接处理碳氢化合物燃料。高运行温度使其在电极处能分解碳氢化合物制氢,这是应用于汽车的极大优点,使碳氢化合物燃料获得了有效应用。此外,高运行温度提高了动力学效应,从而可采用较便宜的催化剂。

熔融碳酸盐燃料电池的主要优点是可加注碳氢化合物燃料和低价格的催化剂,动力学效应好,毒化的低敏感性等。其主要缺点是启动缓慢,因高温减少了材料的可选性,CO_2循环的燃料电池系统的复杂性,电极的腐蚀和缓慢的功率响应。

(五)固体氧化物燃料电池

固体氧化物燃料电池属于第三代燃料电池,是一种在中高温下直接将储存在燃料和氧化剂中的化学能高效、环境友好地转化成电能的全固态化学发电装置。被认为是在未来会与质子交换膜燃料电池一样得到广泛应用的一种燃料电池。固态氧化物燃料电池工作温度比熔融碳酸盐燃料电池的温度还要高,使用诸如氧化钇稳定的氧化锆等固态陶瓷电解质,而不使用液体电解质。其工作温度为800～1000℃。

1. 电池结构

如图5.2.7所示,每一根管子都是一个电池单体,从内到外分别由空气电极、电解质、燃料电极以及双极板连接材料等组成。

2. 电池工作原理

如图5.2.8所示,在这种燃料电池中,当氧离子从阴极移动到阳极氧化燃料气体(主要是氢和一氧化碳的混合物)时便产生能量。阳极生成的电子通过外部电路移动返回到阴极上,减少进入的氧,从而完成循环。

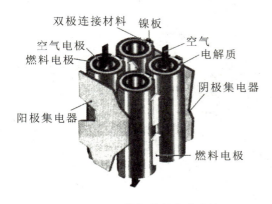

图5.2.7 固体氧燃料电池结构

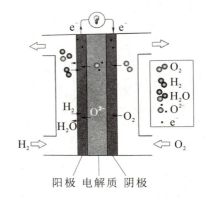

图5.2.8 固体氧化物燃料电池原理图

(六)直接甲醇燃料电池

甲醇是可替代氢直接地用作燃料电池的燃料,这就是通常所说的直接甲醇燃料电池。应用于车辆的直接甲醇燃料电池有一定优势,首先甲醇是一种液态燃料,在车辆的应用中,它易于储存、分配和销售,因此目前燃料供应的基本设施无须过多地增加投资,即可应用;其次甲醇是最单一的有机燃料,它能最为经济和有效地从相对丰富的矿物燃料(煤和天然气)中大规模地生产;此外甲醇可从农产品中(例如甘蔗)制造。

在上述燃料电池中,直接甲醇燃料电池是尚未成熟的技术,以目前该燃料电池技术状态而论,其一般运行在50~100℃温度范围。相比于直接供氧的燃料电池,直接甲醇燃料电池功率密度低,功率响应慢,且效率低。图5.2.9所示为直接甲醇燃料电池。

图 5.2.9　直接甲醇燃料电池

(七)燃料电池电动汽车

燃料电池电动汽车与内燃机汽车相比,其外形和内部空间几乎没有什么区别,不同之处在于动力系统。

1. 燃料电池汽车的类型及特点

1)纯燃料电池驱动

纯燃料电池电动汽车只有燃料电池一个动力源,汽车的所有功率负荷都由燃料电池承担。如图5.2.10所示:

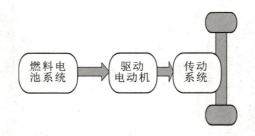

图 5.2.10　纯燃料电池电动汽车结构

2)燃料电池与辅助蓄电池联合驱动(FC+B)

这种结构在燃料电池驱动模式的基础上增加了一组蓄电池和DC/DC变换器。燃料电池为主动力源,蓄电池的功能是回收汽车制动能量以及为汽车启动、加速、爬坡等过程提供补充能量。如图5.2.11所示:

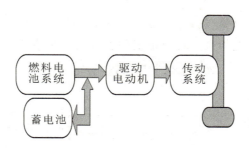

图 5.2.11　燃料电池与辅助蓄电池联合驱动结构

3）燃料电池与超级电容联合驱动（FC＋C）的 FCEV

"燃料电池＋超级电容"的结构与"燃料电池＋蓄电池"结构相似，只是把蓄电池换成超级电容。相对于蓄电池，超级电容充放电效率高，能量损失小、功率密度大，在回收制动能量方面比蓄电池有优势，循环寿命长，但是超级电容的能量密度较小。

4）燃料电池与辅助蓄电池和超级电容联合驱动（FC＋B＋C）

这种结构是在 FC＋B 的基础上，在电源总线上再并联一组超级电容。电容可以提供加速所需的尖峰电流或吸收紧急制动的尖峰电流，保护蓄电池防止过充。结构如图 5.2.12 所示：

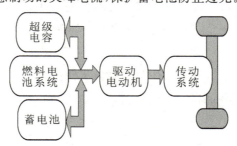

图 5.2.12　FC＋B＋C 结构

2. 燃料电池电动汽车的基本结构

燃料电池电动汽车的动力系统主要由燃料电池堆、驱动电机、电子控制器等组成。如图 5.2.13 所示：

1—驱动电机；2—燃料电池堆；3—电子控制器；4—燃料储氢装置；5—蓄能装置。

图 5.2.13　燃料电池电动汽车的动力系统结构

1）直接燃料电池电动汽车

典型的直接燃料电池电动汽车动力系统的基本构成如图 5.2.14 所示。主要包括燃料电池系统、配备辅助蓄能装置、驱动电机和电子控制系统。

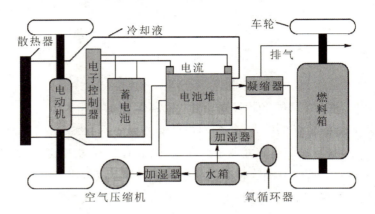

图 5.2.14　直接燃料电池电动汽车的动力系统的基本构成

（1）燃料电池系统。燃料电池系统的核心是燃料电池堆，此外，还配备了氢气供给系统、氧气供给系统、气体加湿系统、水循环及反应物生成处理系统等，用以确保燃料电池堆正常工作。

（2）燃料电池电动汽车配备辅助蓄能装置有以下作用：

①在燃料电池电动汽车启动时，由辅助蓄能装置提供电能带动燃料电池启动或带动车辆起步。

②在燃料电池电动汽车运行过程中，当燃料电池输出的电能大于车辆驱动所需的能量时，辅助蓄能装置可用于储存燃料电池剩余的电能。

③在燃料电池电动汽车加速和爬坡时，辅助蓄能装置可协助供电，以弥补燃料电池输出功率的不足，使电动机获得足够的电能，产生满足车辆加速和爬坡所需的电磁转矩。

④向车辆的各种电子设备、电器提供工作所需的电能。

⑤在车辆制动时，将驱动电动机转换为发电机工作状态，将车辆的动能转换为电能，并向辅助蓄能装置充电，以实现在车辆制动时的能量回收。驱动电动机用于将电源所提供的电能转换为电磁转矩，并通过传动装置驱动车辆行驶。

（3）电子控制系统。直接燃料电池电动汽车的电子控制系统包括燃料电池系统控制、DC/DC 转换器控制、辅助储能装置能量管理、电动机驱动控制及整车协调控制等控制功能，各控制功能模块通过总线连接。如图 5.2.15 所示：

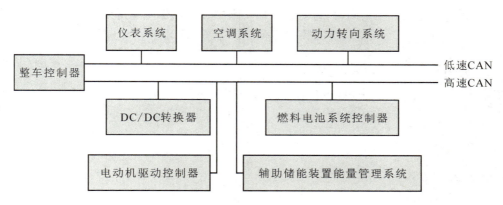

图 5.2.15 燃料电池汽车电子控制系统

2)重整燃料电池电动汽车

重整燃料电池电动汽车动力系统的基本组成如图 5.2.16 所示。

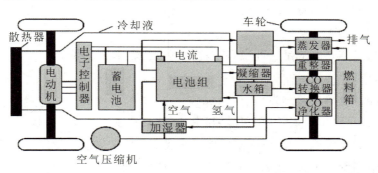

图 5.2.16 重整燃料电池电动汽车动力系统的基本组成

(1)重整燃料电池氢气产生的过程如下:

①车载醇类制氢过程:醇类燃料(甲醇、乙醇、二甲醚等)的车载制氢过程大体相同,均需经重整、变换、一氧化碳脱除等几个步骤。

②车载烃类制氢过程:烃类燃料(汽油、柴油、LPG 及天然气等)制氢通常包括氧化重整、高温变换、脱硫、低温变换、CO 净化及燃烧等过程。

(2)重整燃料电池电动汽车的优缺点如下:

使用车载重整器制氢的燃料电池电动汽车,其主要优点是燃料存储方便,只需要普通的容器,不需要加压或冷藏。但是,车载重整器制氢也存在着一些问题,主要有:

①燃料电池系统启动时间较长,动态响应较慢。当然,对于配备辅助蓄能装置的重整燃料电池电动汽车来说,辅助蓄能装置可很好地解决这一问题。

②重整装置不仅需要复杂的控制过程,而且其体积和质量会减少车辆可利用的空间,增加更多的能量消耗。

③当制取的氢气纯度不高时,可能会使催化剂中毒并产生一些污染。

燃料电池的应用:
燃料电池用途广泛,可应用于能源、交通、工业等领域。

复习题

一、填空题

1.燃料电池的基本原理相当于_____的可逆反应。

2.燃料电池中目前最常见的是_____燃料电池。

3.碱性燃料电池以强碱(如氢氧化钾、氢氧化钠)为_____,氢气为_____,纯氧或脱除微量二氧化碳的空气为_____。

4.质子交换膜燃料电池是一种燃料电池,其发电过程不涉及_____,因而不受卡诺循环的限制,能量_____。

5.燃料电池按电解质可分为_____、_____、_____、_____、_____等。

6._____(SOFC)属于第三代燃料电池,是一种在中高温下直接将储存在_____和_____中的化学能高效、环境友好地转化成电能的全固态化学发电装置。

7.燃料电池的发电方式,是按照电化学的原理进行的,直接等温地将_____转化成_____。

二、判断题

1.燃料电池本身不存储活性物质,而只是一个催化转化元件。(　　)

2.固体氧燃料电池中,阳极生成的电子通过外部电路移动返回到阴极上,减少进入的氧,从而完成循环。(　　)

3.燃料电池电动汽车的动力系统主要有燃料电池和动力电控系统。(　　)

4.磷酸燃料电池的效率比其他燃料电池高。(　　)

三、简答题

1.燃料电池是一种储能装置还是发电装置?

2.燃料电池如何分类?

学习单元六
用于电动汽车的其他动力源

 引入

目前,锂离子电池在电动汽车上广泛应用。但除此之外,还有其他动力电池在能量密度、功率密度、使用寿命或安全性等一个或几个方面具有优良特性,并应用在一些电动汽车上,有一定的发展空间。

学习内容一　其他镍系蓄电池

知识目标

掌握镍镉电池、镍铁电池和镍锌电池的组成、充放电原理及特点。

能力目标

能够分析镍镉电池、镍铁电池和镍锌电池的组成及充放电原理。

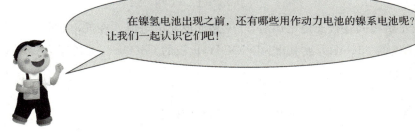

除了镍氢电池外,用作动力电池的镍系电池还有镍镉(Ni-Cd)电池、镍锌(Ni-Zn)电池、镍铁(Ni-Fe)电池等,这些蓄电池比镍氢电池出现得早。它们也统称为碱性蓄电池,指的是以 KOH 等碱性水溶液为电解液的二次电池。

· 71 ·

(一)镍镉电池

1. 基本组成

镍镉电池的正极活性物质为氢氧化镍,充电时为 $Ni(OH)_2$,放电时为 $NiOOH$。负极活性物质为金属镉或氧化镉粉以及氧化铁粉,电解液通常为 $NaOH$ 或 KOH 溶液。如图 6.1.1 所示:

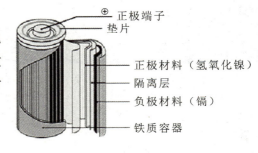

图 6.1.1 镍镉电池的结构

2. 充放电原理

镍镉电池的充放电原理与镍氢电池相似,充放电过程的反应如下:

正极充放电反应为

$$NiOOH + H_2O + e^- \underset{充电}{\overset{放电}{\rightleftharpoons}} Ni(OH)_2 + OH^-$$

负极充放电反应为

$$Cd + 2OH^- - 2e^- \underset{充电}{\overset{放电}{\rightleftharpoons}} Cd(OH)_2$$

电池总反应为

$$Cd + 2NiOOH + 2H_2O \underset{充电}{\overset{放电}{\rightleftharpoons}} Cd(OH)_2 + 2Ni(OH)_2$$

1)放电过程

镍镉电池正负极之间通过导线连接负载后,正负极间的电位差使外电路形成放电电流。在放电过程中,负极的电子经外电路流入正极,正极的 $NiOOH$ 被还原为 $Ni(OH)_2$,负极的 Cd 被氧化,生成 $Cd(OH)_2$。

2)充电过程

镍镉电池正负极间连接充电电源后,外电路形成充电电流。在充电过程中,正极的电子被送入负极,正极的 $Ni(OH)_2$ 被氧化为 $NiOOH$,负极的 $Cd(OH)_2$ 被还原为 Cd。

 镍镉电池和镍氢电池有什么区别呢?

3. 镍镉电池的特点

镍镉电池的许多特点与镍氢电池相似,与铅酸电池相比,其优点有:能量密度大(可达 55W·h/L)、比功率大(可超过 225W/kg)、循环寿命长(可达 2000 次)、自放电较小(每天小于5%)、快充能力强(18min内可达蓄电池容量的40%～80%)。

与镍氢电池相比,它的缺点有:镉对环境污染大且存在记忆效应。

正是由于镍镉电池在应用中存在的这两个问题,限制了其在电动汽车上的大规模使用,已被镍氢电池所替代。

镍镉电池在应用中存在的主要问题:①对环境有污染。②存在记忆效应。

(二)镍锌电池

1. 基本组成

镍锌电池的正极活性物质与镍氢电池、镍镉电池一样,也为氢氧化镍,负极活性物质为金属锌,电解液也为KOH水溶液。

2. 充放电原理

镍锌电池充放电原理也与镍氢电池、镍镉电池相似,不同之处主要是负极电化学反应不同。

正极充放电反应为

$$NiOOH + H_2O + e^- \underset{充电}{\overset{放电}{\rightleftharpoons}} Ni(OH)_2 + OH^-$$

负极充放电反应为

$$Zn + 2OH^- \underset{充电}{\overset{放电}{\rightleftharpoons}} ZnO + H_2O + 2e^-$$

3. 镍锌电池的特点

与镍镉电池相比,镍锌电池具有比功率较高、比能量高、单格电池电压高、价格相对较低、锌资源丰富且无毒性等优点。因此,镍锌电池曾应用在电动汽车上,但它的致命弱点是循环寿命短。

(三)镍铁电池

1. 基本组成

镍铁电池的正极活性物质与其他镍系电池一样,也为氢氧化镍,负极活性物质为铁,电解液为 KOH 水溶液。

2. 充放电原理

镍铁电池充放电原理也与其他镍系电池相似，不同之处主要是负极电化学反应不同。

正极充放电反应为

$$2NiOOH + 2H_2O + 2e^- \underset{充电}{\overset{放电}{\rightleftharpoons}} 2Ni(OH)_2 + 2OH^-$$

负极充放电反应为

$$Fe + 2OH^- \underset{充电}{\overset{放电}{\rightleftharpoons}} Fe(OH)_2 + 2e^-$$

3. 镍铁电池的特点

镍铁电池具有不适合大电流放电、自放电较大、低温时性能差等特点。在低温时电池容量明显下降，以 $0.2C$ 电流放电，并将 25℃时的放电容量作为 100%，在 0℃时的容量降为 75%，而在 -25℃时降至约 10%。因此，镍铁电池难以在电动汽车上使用。镍铁电池的电性能不及镍镉电池、镍锌电池等其他镍系电池。

镍镉电池、镍锌电池和镍铁电池的异同：正极活性物质都相同，只有负极活性物质不同。

学习内容二　金属空气电池

知识目标

掌握锌空气电池和铝空气电池的组成、充放电原理及特点。

能力目标

能够分析锌空气电池和铝空气电池的组成及充放电原理。

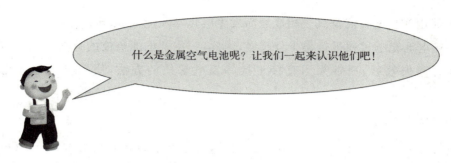

以空气或氧气作为正极活性物质,金属作为负极活性物质的电池统称为金属空气电池。

(一)锌空气电池

1. 基本组成

锌空气电池的正极活性物质为空气中的氧,负极活性物质为金属锌,电解质为 KOH 水溶液。如图 6.2.1 所示。

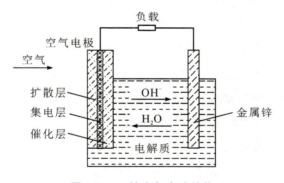

图 6.2.1 锌空气电池结构

一般电池的能量储存于正负电极,而锌空气电池则不同。正极的空气电极只是作为能量转换的工具,只有负极的锌电极储存能量。锌空气电池既可以是一个储能装置,也可以是一个燃料电池。

2. 充放电原理

锌空气电池的电化学反应与普通碱性电池类似,放电时的化学反应式如下:

正极:$\frac{1}{2}O_2 + H_2O + 2e^- \longrightarrow 2OH^-$

负极:$Zn + 2OH^- \longrightarrow ZnO + H_2O + 2e^-$

放电时,负极的锌与电解液中的 OH^- 发生电化学反应,释放电子;与此同时,蓄电池正极中的催化剂与电解液及氧气相接触而发生电化学反应,吸收电子。

锌空气电池充电过程进行得十分缓慢,因此,锌空气电池负极的锌在放电过程中被氧化为氧化锌而失效后,通常采用直接更换锌及电解质的方法,使锌空气电池完成充电过程。

3. 锌空气电池的特点

锌空气电池的发明已经有上百年的历史,与其他类型的蓄电池相比,锌空气电池具有如下特点:

(1)容量大。由于空气电极的活性物质氧气来自周围的空气,正极活性物质可在电池工作时源源不断地得到补充,不占用电池空间,因而对于正极来说,其容量是无限大的。

(2)比能量高。锌空气电池的比能量主要取决于负极金属锌及电解液,其理论比能量可达 $1350W \cdot h/kg$,目前已研制成功的锌空气电池比能量已经可以达到 $200W \cdot h/kg$ 以上,约是铅酸电池的 5 倍。

(3)原料丰富,价格低廉。锌空气电池空气电极活性物质氧气来自周围空气,锌的来源丰富,生产成本较低;回收再生方便,并且回收再生成本较低。

(4)储存寿命长。锌空气电池在储存过程中均采用密封措施,将电池的空气孔与外界隔绝,因而电池的容量损失较小,储存寿命长。

(5)安全性好。锌空气电池没有因泄漏、短路而引起蓄电池起火或爆炸的可能性。锌没有腐蚀作用,可以完全实现密封、免维护,对人体不会造成伤害,安全性好。

(6)绿色环保。锌空气电池在循环使用过程中,不会污染环境。

(7)比功率低。作为电动汽车用动力电池,会对电动汽车的动力性有较大影响。

(8)锌空气电池的湿储存性能差。碱性电解液会吸收空气中的 CO_2,并发生碳酸盐化,从而导致电池性能下降,甚至失效;而且电解液透过空气电极还会失去水分,或从空气中吸收水分,导致电池过早失效。此外,空气中的氧也会透过空气电极扩散到金属电极,形成腐蚀电池而引发自放电。因此,锌空气电池不宜湿储存。在湿储存期间必须将空气电极覆盖,以隔绝空气,或加液后尽快使用。

(9)锌空气电池在放电时需要不断地供应空气,因而不能在密封状态下使用,也不能应用于缺氧的环境中。

(10)在大电流放电时电池容易发热。

(11)采用常规的充电方法,其充电时间太长。

(二)铝空气电池

1. 基本组成

铝空气电池以高纯度铝(铝的质量分数为99.99%)为负极,空气(氧)为正极,以KOH或NaOH水溶液为电解质。

2. 充放电原理

铝空气电池的化学反应与锌空气电池类似,在电池放电时,负极活性物质铝不断消耗,并生成$Al(OH)_3$。正极多孔氧电极在电池放电时,与外界进入电极的氧气(空气)发生电化学反应,生成OH^-。铝空气电池的工作原理示意图如图6.2.2所示。

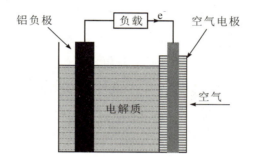

图6.2.2 铝空气电池原理示意图

负极活性物质铝摄取空气中的氧,在蓄电池放电时产生电化学反应,铝和氧作用转化为氧化铝。铝空气电池充放电时的电化学反应方程式为

$$2Al + 3O_2 + 3H_2 \underset{充电}{\overset{放电}{\rightleftharpoons}} 2Al(OH)_3$$

3. 铝空气电池的特点

与电动汽车用的其他蓄电池相比,铝空气电池具有如下特点:

(1)比能量大。铝空气电池的理论比能量可达8100 W·h/kg,目前,铝空气电池的实际比能量只达到350 W·h/kg,但也是铅酸电池的7~8倍。

(2)比功率中等,达到50~200 W/kg。铝空气电池比功率不大,也是由氧电极所决定的,电池放电时极化很大。

(3)质量轻。铝空气电池质量仅为铅酸电池质量的12%。由于蓄电池质量大大减轻,车辆的整备质量也降低,因此可以提高车辆的装载量或延长续驶里程。

(4)铝可以回收循环使用,不污染环境。

(5)使用寿命长,可达3~4年。这主要取决于氧电极的工作寿命,因为铝电极是可以

不断更换的。

(6)生产成本较低。铝的原材料丰富,生产成本较低;铝回收再生方便,回收再生成本也较低。

与锌空气电池一样,铝空气电池也可以采用更换铝电极的方法来解决充电较慢的问题。由于铝空气电池比功率不高,充电和放电速度比较慢,电压滞后,自放电率较大,因此需要采用热管理系统来防止铝空气电池工作时过热。

金属空气电池的主要组成:正极为空气电极,负极为金属电极。

学习内容三　超高速飞轮

知识目标

(1)掌握超高速飞轮的概念、组成和充放电原理。
(2)掌握超高速飞轮的特点及应用。

能力目标

(1)能够叙述超高速飞轮的基本组成。
(2)能够概括超高速飞轮的充放电原理。
(3)熟悉超高速飞轮的特点和应用。

超高速飞轮属于物理电池,是辅助储能装量,下面让我们一起来认识它吧!

超高速飞轮电池的概念起源于20世纪70年代早期,是伴随着当时能源危机引发的电动汽车研发热潮出现的,最初的应用对象就是电动汽车。但由于当时各种技术的限制,没有得到实际应用。直到20世纪90年代,由于电路拓扑思想的发展,碳纤维材料的广泛应用,这种物理储能型电池得到了高速发展,并且伴随着磁轴承技术的发展,展示出广阔的应用前景。

(一)超高速飞轮的概念及基本组成

"飞轮"是储能元件,从古老的纺车到工业革命时的蒸汽机,以往主要是利用它的惯性来均衡转速和闯过"死点"。如今,飞轮已被用来储存能量,并向外输出电能,这种储能装置称为飞轮电池。

飞轮电池主要由以下几部分组成:飞轮、电机、轴承、真空容器、电子电路等。如图6.3.1、图6.3.2所示:

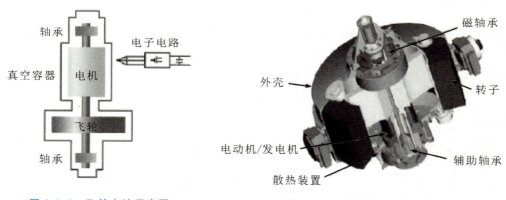

图 6.3.1　飞轮电池示意图　　　　图 6.3.2　飞轮电池外部组成

1. 飞轮

飞轮是飞轮电池的核心部件,直接决定了整个装置的储能多少。飞轮工作时的转速很高,可达 200000 r/min,一般金属制成的飞轮无法承受这样的高转速,因而飞轮一般都采用超强玻璃纤维或碳纤维材料制成,使之在满足强度要求的同时,降低电池的质量。

2. 电机

电机可在电动机和发电机两种状态下工作,用以完成飞轮电池的充电(储存机械能量)和放电(释放机械能量)过程。为减小结构尺寸和降低功耗,通常采用永磁同步交流电机。

3. 真空容器

高速旋转的飞轮会使空气形成强涡流,造成极大的空气阻力。飞轮电池需要在真空环境中运转。

4. 磁悬浮轴承

飞轮电池通常采用非接触式磁悬浮轴承,以减小飞轮运转阻力,提高飞轮电池的能量储存效率。

(二)飞轮电池的工作原理

飞轮电池储能是基于飞轮以一定角速度旋转时,可以存储动能的基本原理,它通过电机将飞轮的旋转动能转换为电能输出。飞轮电池突破了化学电池的局限,用物理方法实现储能。飞轮作为储能的核心部件,储存的能量 E 与飞轮的转动惯量 j 和飞轮的角速度 ω 有关,即

$$E=\frac{j\omega^2}{2}$$

式中,j 为飞轮的转动惯量,与飞轮的形状和重量有关;ω 为飞轮转动的角速度。

飞轮电池的工作原理如图 6.3.3 所示:

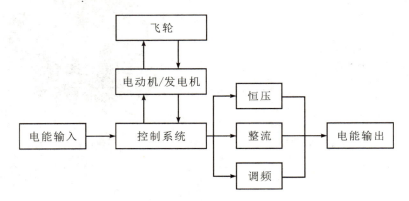

图 6.3.3　飞轮电池工作原理

1. 充电原理

充电时,飞轮电池中的电机以电动机形式运转,在外电源的驱动下,电机带动飞轮高速旋转,即用电给飞轮电池"充电",增加了飞轮的转速,使飞轮的动能增大,实现将电能转变为动能的充电过程。

当飞轮的旋转速度达到最高限定值时,即为飞轮电池"充足电"。飞轮电池充电之后,飞轮以较低的损耗保持高速运转,使飞轮电池处于能量保持状态。

2. 放电原理

放电时,电机则在发电机状态工作,由高速旋转的飞轮带动电机旋转,将动能转换为电能,再通过电力电子变换器将电能转换为负载所需的频率和电压,完成动能到电能的转换

过程。

随着放电过程的进行,飞轮的转速逐渐下降。当飞轮的转速下降至最低限值时,即为飞轮电池"放完电",需要通过充电使其恢复能量的储存。

(三)飞轮电池的特点与应用

1. 飞轮电池的特点

1)飞轮电池的优点

(1)飞轮电池不能替代蓄电池成为电动汽车的主要储能装置。

(2)能量转换效率高、充电快。飞轮电池工作时的能量损失很小,其能量转换效率高达 90%。由于飞轮电池无最大充电电流的限制,其充电速度取决于飞轮的角加速度,因而充电很快。

(3)工作温度范围宽。对环境温度没有严格要求。

(4)使用寿命长。飞轮电池无重复深度放电影响,其循环充放电次数可达数百万次,预期寿命可达 20 年以上。

(5)低损耗、低维护。磁悬浮轴承和真空环境使机械损耗可以被忽略,系统维护周期长。

2)飞轮电池的缺点

(1)飞轮电池的比能量较低,因此飞轮电池不能替代蓄电池成为电动汽车主要的储能装置。

(2)由于飞轮电池是靠高速旋转的飞轮储存能量,当飞轮出现破裂等意外时,其释放能量的方式不可控,因此带来了安全问题。

(3)与蓄电池相比,飞轮储能技术还不够成熟。

(4)飞轮电池的成本较高,这也影响了其市场竞争力。

2. 飞轮电池在电动汽车上的应用

飞轮电池充电快、放电完全,非常适合用作电动汽车的辅助储能装置。在汽车起步、加速、爬坡等行驶工况下协助蓄电池供电,可提高电动汽车的动力性能,并延长蓄电池的使用寿命。而在汽车制动时,飞轮电池又可以很好地回收制动能量。

飞轮电池充放电原理:充电时,飞轮电池中的电机以电动机形式运转;放电时,飞轮电池中的电机又以发电机状态工作。

学习内容四　超级电容

知识目标

(1)掌握超级电容的概念、工作原理及分类。
(2)掌握超级电容的特性及应用。

能力目标

(1)能够理解超级电容的概念。
(2)能够概括超级电容的充放电原理。
(3)学会超级电容的特性并熟悉超级电容的应用。

超级电容器(简称超级电容),又叫作双电层电容器,是一种通过极化电解质来储能的电化学元件。与传统的化学电池不同,超级电容器是一种介于传统电容器与电池之间的电源,它兼有物理电容器和电池的特性。但在储能的过程中并不发生化学反应,其储能过程是可逆的,可以反复充放电数十万次。

(一)超级电容的工作原理

电容器是由两个彼此绝缘的平板形金属电容板组成,在两块电容板之间用绝缘材料隔开。电容器极板上所储集的电量 q 与电压成正比。电容的计量单位为"法拉"(F)。

电容器的电容为

$$C = \frac{\varepsilon A}{d}$$

式中　ε——电介质的介电常数,F/m;
　　　A——电极表面积,m^2;
　　　d——电容器间隙的距离,m。

电容器的容量与电容板面积大小成正比,而与电容板的厚度无关,与电容板间的间隙大小成反比。当电容器元件充电时,电容器元件上的电压增高,电场能量增大,电容器从电源上获得电能,电容器存储的能量 E 为

$$E=\frac{CU^2}{2}$$

式中　U——外加电压,V。

当电容器放电时,电压降低,电场能量减小,电容器释放能量,可释放能量的最大值为 E。

超级电容器充放电原理(如图 6.4.1 和图 6.4.2 所示):与普通电容器一样,超级电容器充电时,在两个电极上施加电压,在正电极上储存正电荷,负电极上储存负电荷。两极板上的电荷产生电场,作用于电解液,使靠近电极表面的电解质界面上产生与电极表面相反的电荷。被束缚在电解质液体界面上的电荷,又构成电容的两个电极。这种正电荷与负电荷在两个不同相之间的接触面上,以正负电荷之间极小的间隙排列在相反的位置上的电荷分布层被称之为双电层。

放电时,正负极板上的电荷通过外电路被释放,电解质溶液界面上的电荷也相应减少。由此可见,超级电容与通过化学反应完成充放电过程的蓄电池不同,其充放电过程始终是物理过程,没有化学反应,因而性能更加稳定。

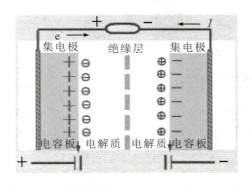
图 6.4.1　超级电容器的充电原理

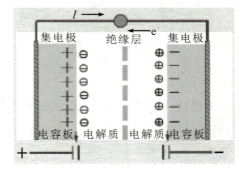
图 6.4.2　超级电容器的放电原理

(二)超级电容器的结构类型

1. 超级电容器的组成

两个集电板用来固定多孔电极,两电极之间用电解质隔开,电解质通常呈溶液状,隔膜(绝缘层)则采用多孔绝缘材料制成。当多孔结构的电极插入电解液后,电解液渗入电极孔隙内,使电极与电解液有很大的接触表面。超级电容器结构如图 6.4.3 所示:

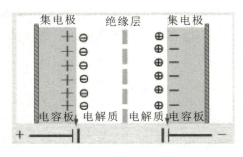

图 6.4.3 超级电容器结构

2. 超级电容的分类

1）按工作原理分类

可分为：双电层型超级电容器和赝电容型超级电容器。

双电层型超级电容器的电极材料有活性炭电极材料、碳纤维电极材料、碳气凝胶电极材料和碳纳米管电极材料等，采用这些材料可以制成平板型超级电容器和绕卷型溶剂电容器（图 6.4.4）。

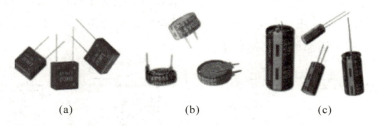

图 6.4.4 平板型和绕卷型

平板型超级电容器多采用平板状和圆片状的电极[图 6.4.4(a)、(b)]。绕卷型溶剂电容器，采用电极材料涂覆在集流体上，经过绕制得到[图 6.4.4(c)]，这类电容器通常具有更大的电容量和更高的功率密度。

赝电容型超级电容器是双电层型超级电容器的补充，电极材料包括金属氧化物电极材料与聚合物电极材料。

2）按电解质类型分类

可分为：水性电解质超级电容器和有机电解质超级电容器。

水性电解质超级电容器又可分为：

（1）酸性电解质，多采用 36% H_2SO_4 水溶液作为电解质。

（2）碱性电解质，通常采用 KOH、NaOH 等强碱作为电解质，水作为溶剂。

（3）中性电解质，通常采用 KCl、NaCl 等盐作为电解质，水作为溶剂，多用于氧化锰电极材料的电解液。

有机电解质电容器通常采用 $LiClO_4$ 为典型代表的锂盐等，用碳酸乙烯酯、乙腈、r-丁内酯等有机溶剂作为溶剂，电解质在溶剂中接近饱和溶解度。

（三）超级电容器的特性和应用

1. 超级电容器的特性

超级电容器具有与电池不同的充放电特性，在相同的放电电流情况下，电压随放电时间呈线性下降的趋势。

在容量定义方面，超级电容器也不同于电池。超级电容的额定容量单位为法拉（F）。

与其他各类电池相比，超级电容器主要有以下优点：

（1）高功率密度。超级电容器的内阻小、输出功率密度高，超级电容器兼有电池高比能量和传统电容器高比功率的优点。

（2）循环寿命长。超级电容的充放电循环寿命可达 50 万次，使用时间大约为 90000h。

（3）可以提供很大的放电电流。例如 2700F 超级电容器的额定放电电流不低于 950A，放电峰值电流可达 1680A；而蓄电池通常不可能有如此大的放电电流，蓄电池在过大的放电电流下使用寿命大大缩短。

（4）可以实现快速充电。超级电容器可实现数十秒到数分钟内快速充电；而蓄电池的可接受电流是有限的，因此不可能在如此短的时间内充足电。

（5）工作温度范围很宽。超级电容器可以在很宽的温度范围（$-40\sim+70℃$）内正常工作，而蓄电池不能在高温或低温环境下工作。

（6）安全无毒。超级电容器的材料是安全的、无毒的，生产、使用、储存及拆解过程均没有污染。

虽然超级电容器因其优秀的特点，在交通、工业、军事、消费类电子产品等领域得到了越来越广泛的应用。但也存在不足：

（1）超级电容器能量密度相对较低。独立用作纯电动汽车的电源时续驶里程太短。

（2）超级电容器放电时没有放电电压平台，电压呈线性下降，当放电电压较低时不能继续放电，所以无法完全放电。

（3）由于超级电容单体电压不高，因此在电动汽车上使用时，需要有较多单体电容串联以达到所需的输出电压。

（4）超级电容器的自放电也比蓄电池的大。

（5）超级电容器的成本相对较高。

2. 超级电容器的应用

虽然超级电容器的能量密度不能与蓄电池相比,但是因具有大电流充放电的特点,特别适合用作电动汽车的辅助电源,用于电动汽车大功率电能需求时的大电流输出和制动能量回馈时接受大电流充电。

(1)用作辅助电源输出大电流。蓄电池在汽车起步、加速、爬坡等行驶工况,利用超级电容器可输出大电流的特点,由超级电容器提供大电流。这样,在确保电动汽车动力性能的同时,可有效保护蓄电池,延长蓄电池的使用寿命。

(2)接受大电流充电。在汽车制动时,利用超级电容器充电接受电流大的特点,可提高制动能量回馈的效率。

超级电容器作为辅助储能装置,已经在各类电动汽车上得到实际应用。超级电容器不仅可作为电动汽车的辅助储能装置,还可作为电动汽车主要或唯一的储能装置。由于超级电容器的能量密度低,因此用超级电容器作为汽车唯一储能装置的最大问题是续驶里程太短。采用超级电容器的公交车,可利用公交车站停车间隙为超级电容器充电,补充能量,弥补了超级电容器能量密度低的不足。

超级电容器特点:超级电容器是物理电池,在储能过程中不发生电化学反应,其过程是可逆的。

复习题

一、填空题

1. 镍镉电池正极材料为_____,负极材料为_____。
2. 锌空气电池以_____为负极,以_____为正极,以_____水溶液为电解质。
3. 超级电容器在储能过程中并不发生_____。
4. 超级电容器的额定容量单位为_____。
5. 飞轮电池在充电时电机是以_____形式运转,放电时电机_____状态运转。
6. 锌空气电池既可以是一个_____,也可以是一个_____。

二、简答题

1.简述飞轮电池的工作原理。

2.简述超级电容器的工作原理。

学习单元七
动力电池系统

 引入

  一个完整的动力电池系统主要由动力电池模组、电池管理系统、辅助元器件及动力电池箱四部分组成。本单元将重点介绍动力电池系统的组成部分及各部分功能。

学习内容一 动力电池系统的结构组成

 知识目标

掌握动力电池系统的组成部件及各部件功能。

能力目标

(1)能够说出动力电池系统的结构组成。
(2)能够叙述动力电池系统各组成部分的功能特点。

动力电池系统是电动汽车不可缺少的核心部件之一。下面让我们一起来学习吧!

(一)动力电池系统的结构组成

动力电池系统的组成如图7.1.1所示。

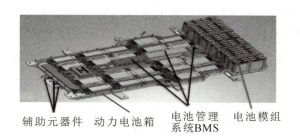

图 7.1.1 动力电池系统的组成

1. 动力电池模组

蓄电池单体即电芯,是构成动力电池模组的最小单元。动力电池模组是由几颗到数百颗电池单体经并联及串联所组成的组合体,例如北汽 EV160 纯电动汽车的电池组成方式是 1P100S,即采用了 100 个磷酸铁锂电池单体串联在一起组成了车辆的动力电池模组;而北汽 EV200 纯电动汽车的电池组成方式是 3P91S,即该动力电池是由 3 个三元电池单体并联组成一个模块,再用 91 个这样的模块串联成一个整体,构成了动力电池总成。注意:字母 P 表示并联,字母 S 表示串联。

2. 电池管理系统

电池管理系统(Battery Management System,BMS),如图 7.1.2 所示由硬件和软件组成,硬件有主控板、从控板及高压盒,还包括采集电压、电流、温度等数据的电子器件;BMS 的软件主要用于监测电池的电压、电流、电池组荷电状态(State of Charge,SOC)、绝缘电阻值、温度值,通过与整车控制器(Vehicle Control Unit,VCU)、充电机的通信,来控制动力电池系统的充放电。

图 7.1.2 电池管理系统

BMS 是电池保护和管理的核心部件,在动力电池系统中,它的作用就相当于人的大脑。它不仅要保证安全可靠地使用电池,而且要充分发挥电池的能力和延长使用寿命。作为电池和整车控制器以及驾驶人沟通的桥梁,BMS 通过控制接触器控制动力电池组的充放电,并向 VCU 上报动力电池系统的基本参数及故障信息。

BMS 通过电压、电流及温度检测等功能实现对动力电池系统的过电压、欠电压、过电流、过高温和过低温保护，以及继电器控制、SOC 估算、充放电管理、均衡控制、故障报警及处理、与其他控制器通信等功能。此外电池管理系统还具有高压回路绝缘检测功能，以及动力电池系统加热功能。

1) 主控盒

主控盒（如图 7.1.3 所示）是动力电池管理系统的控制中心，用来控制总正继电器、加热继电器以及预充继电器，还通过控制器局域网（Controller Area Network，CAN）总线与 VCU 进行通信。

图 7.1.3　主控盒

2) 从控盒

从控盒用来分别调节动力电池组的蓄电池单体电压和模组的温度，然后通过 CAN 总线将信息输送给主控盒。

3) 高压盒

主要作用是采集总电压、电流，监测高压绝缘情况等（如图 7.1.4 所示），然后通过 CAN 总线将信息传输给主控盒。

图 7.1.4　高压盒

3. 动力电池的辅助元器件

动力电池的辅助元器件主要包括动力电池系统内部的电子电器元件，如熔断器、继电器、分流器、插接件、烟雾传感器、维修开关；以及电子电器元件以外的辅助元器件等，如密封条、绝缘材料等。

1）高压继电器

动力电池包内通常设有多个高压继电器,一般有总正继电器、总负继电器、预充继电器以及加热继电器等。

2）维修开关

在特定时刻能够实现高压系统的电气隔离,是保证电动汽车高压电气安全的关键部件。在车辆维修或存在漏电危险等特殊情况时,使用维修开关人工切断高压电路。

3）电加热膜

电加热膜外表为一层绝缘硅胶,是一种采用耐高温、高导热、绝缘性能好、强度高的硅橡胶和耐高温的纤维增强材料以及金属发热膜电路集合而成的软性电加热膜元件。当加热电路工作时,通过电加热膜对动力电池进行加热。

4）温度传感器

动力电池的化学性能受环境温度影响非常大,为了保证动力电池使用性能,必须使动力电池在合理的温度范围工作。温度传感器用来检测动力电池电芯温度。

5）加热断路器

当动力电池的加热电流过大时,加热断路器会熔断,以保护加热系统零部件。

6）连接线束

动力电池箱体内部连接线束主要分为高压电缆、低压电缆和 CAN 信号线。

7）预充继电器与电阻

在充电初期,需闭合预充继电器进行预充电,预充完成后断开预充继电器。预充继电器与预充电阻如图 7.1.5 所示。

图 7.1.5　预充继电器与预充电阻

8）电流传感器与熔断器

电流传感器的类型为无感分流器,在电阻的两端形成毫伏级的电压信号,用于监测母线充、放电电流的大小。熔断器主要用于防止能量回收时过电压、过电流或放电时过电流,如

图 7.1.6 所示。北汽 EV200 的熔断器规格为电流 250A、最高电压 500V。

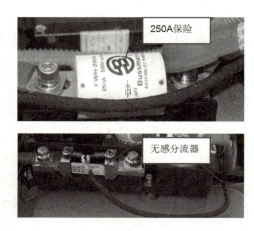

图 7.1.6　电流传感器与熔断器

4. 动力电池箱

动力电池箱是支撑、固定、包围电池系统的组件，主要包含上盖和下托盘，还有辅助元件，如过渡件、护板、螺栓等，动力电池箱有承载及保护动力电池组及电气元件的作用。

1）电池箱的技术要求

电池箱体用螺栓连接在车身底板下方，其防护等级为 IP67，螺栓拧紧力矩为 80~100N·m。动力电池的箱体如图 7.1.7 所示。整车维护时需观察电池箱体螺栓是否松动，电池箱体是否破损严重变形，密封法兰是否完整，确保动力电池可以正常工作。

2）外观要求

电池箱体外表面颜色要求为银灰或黑色，亚光；电池箱体表面不得有划痕、尖角、毛刺、焊缝及残余油迹等外观缺陷，焊接处必须打磨圆滑。

图 7.1.7　动力电池的箱体

动力电池系统的组成：动力电池模组、电池管理系统、辅助元器件、动力电池箱。

学习内容二　电池管理系统的功能和工作原理

 知识目标

（1）掌握电池管理系统的组成和工作原理。
（2）掌握电池管理系统的功能。

能力目标

（1）能够认知电池管理系统的基本组成部分。
（2）能够叙述电池管理系统的工作原理。
（3）能够说出电池管理系统的功能。

电池管理系统是对动力电池组进行安全监控和有效管理，保持其正常应用的装置。下面让我们一起来学习吧！

　　电池管理系统（BMS）是对电池进行监控和管理的系统，它通过对电压、电流、温度以及 SOC 等参数进行采集、计算，进而控制电池的充放电过程，实现对电池的保护，提升电池的综合性能，是连接车载动力电池和新能源汽车的重要纽带。对于新能源汽车而言，通过该系统对电池组充放电的有效控制，可以增加续驶里程、延长电池使用寿命、降低运行成本，保证动力电池组的安全性和可靠性。

(一)电池管理系统的功能

电池管理系统对动力蓄电池进行数据采集、电池状态计算、能量管理、安全管理、热管理、均衡控制等,提高电池使用效率、延长电池使用寿命,如图 7.2.1 所示。

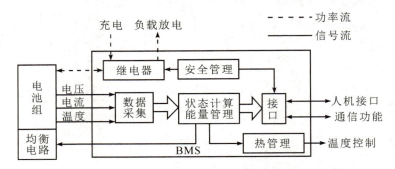

图 7.2.1 动力蓄电池管理系统的功能

1)数据采集

电池管理系统的所有算法均以采集的动力蓄电池数据作为输入,采样速率、精度和前置滤波特性是影响电池系统性能的重要指标。

2)电池状态计算

电池状态计算包括电池组荷电状态(SOC)和电池组健康状态(State of Health,SOH)两方面。SOC 用来提示动力电池组剩余电量,是计算和估计电动汽车续驶里程的基础。SOH 用来提示电池技术状态,预计可用寿命等健康状态的参数。

3)能量管理

能量管理主要包括以电流、电压、温度、SOC 和 SOH 为输入内容,进行充电过程控制和以 SOC、SOH 和温度等参数为条件,进行放电功率控制。

4)安全管理

监视电池电压、电流、温度是否超过正常范围,防止电池组过充、过放。现在,在对电池组进行整组监控的同时,多数电池管理系统已经发展到对极端单体电池进行过充电、过放电、过热等安全状态管理。

5)热管理

在电池工作温度超高时进行冷却,低于适宜工作温度下限时进行电池加热,使电池处于适宜的工作温度范围内,并在电池工作过程中总保持电池单体间温度均衡。对于大功率放电和高温条件下使用的电池,电池的热管理尤为必要。

6)均衡控制

由于电池的一致性差异导致电池组的工作状态不同,工作状态是由最差电池单体决定的。在电池组各个电池之间设置均衡电路,实施均衡控制是为了使各单体电池充放电的工作情况尽量一致,提高整体电池组的工作性能。

7)通信功能

通过电池管理系统实现电池参数和信息与车载设备或非车载设备的通信,为充放电控制、整车控制提供数据依据是电池管理系统的重要功能之一,根据应用需要,数据交换可采用不同的通信接口,如模拟信号、PWM 信号、CAN 总线。

8)人机接口

根据设计的需要设置显示信息以及控制按键、旋钮等。

(二)电池管理系统的组成及工作原理

1. 电池管理系统的组成

电池管理系统的基本组成包括信号采集系统、电子控制系统、执行及通信系统等三部分。

1)信号采集系统

布置在蓄电池处的温度传感器、电压采样电路、电流传感器、A/D 转换器等部件及线路连接,组成了蓄电池管理系统的信号采集系统。信号采集系统可使蓄电池管理系统实时获取蓄电池的电压、电流、温度等参数。

2)电子控制系统

电子控制系统的核心是电子控制单元(Electronic Control Unit,ECU),ECU 的基本组成如图 7.2.2 所示。

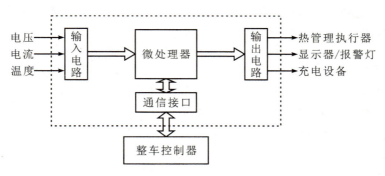

图 7.2.2 ECU 的基本组成

3)执行及通信系统

蓄电池管理系统通过热管理执行器实现蓄电池的热管理;通过与充电设备及整车控制器的通信,实现均衡充电、制动能量回馈、电能输出及输出比率、荷电状态显示等的控制。

2. 电池管理系统的工作原理

电池管理系统的主要工作原理可简单归纳为,数据采集电路采集电池状态信息数据后,由电子控制单元(ECU)进行数据处理和分析,然后电池管理系统根据分析结果对系统内的相关功能模块发出控制指令,并向外界传递参数信息,对动力蓄电池的整体功能进行控制,使动力蓄电池维持最佳状态。

电池管理系统(BMS)具有数据采集、电池状态计算、能量管理、安全管理、热管理、均衡控制、通信和人机接口等功能。

(三)动力电池的热管理

动力电池使用热管理系统使电池温度保持在正常范围内,镍氢电池和锂离子电池最好在 20~40℃温度区间内工作,这与人类感觉舒适的温度恰好一致。电性能在接近冰点以下温度时变差。温度高于 40℃会导致充电效率降低,并加速各类失效模式的进程,减少寿命。过高的温度也可能导致发生安全问题。

目前电动汽车自燃事件频出,这主要与电池管理系统的热管理有关。由于过高或过低的温度都将直接影响动力电池的使用寿命和性能,并有可能导致电池系统的安全问题且电池箱内温度场的长久不均匀分布将造成各电池模块、单体间性能的不均衡,因此电池热管理系统对于电动车辆动力电池系统而言是必需的。可靠、高效的热管理系统对于电动车辆的可靠安全应用意义重大。

1. 动力电池热管理系统的功能

(1)电池温度的准确测量和监控。

(2)电池组温度过高时的有效散热和通风。

(3)低温条件下的快速加热。

(4)有害气体产生时的有效通风。

(5)保证电池组温度场的均匀分布。

2. 热管理系统散热结构的设计

按照传热介质,电池组热管理系统分为空冷、液冷和相变材料冷却三种。目前最有效且最常用的散热系统是采用空气作为散热介质。按照散热风道结构,空冷系统又可分为串行通风方式和并行通风方式两种,如图 7.2.3、图 7.2.4 所示。

1)串行通风方式

串行通风方式如图 7.2.3 所示。串行式冷却,空气从电池包的一侧吹入,从另一侧吹出,容易造成电池包散热不均匀。

2)并行通风方式

并行通风方式如图 7.2.4 所示。并行式冷却,空气从电池包底部吹入,从上部吹出,几乎相同的空气量流过各个电池模块的表面,能够使电池包散热均匀。在相同条件下,并行冷却比较均匀。

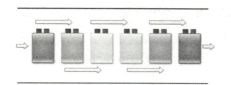

图 7.2.3 串行通风方式

图 7.2.4 并行通风方式

(四)动力电池的电量管理

电池电量管理(SOC 管理)是电池管理的核心内容之一,对于整个电池状态的控制、电动车辆续驶里程的预测和估计具有重要的意义。

同时,由于动力电池荷电状态(SOC)的非线性,并且受到多种因素的影响,导致电池电量估计和预测方法复杂,准确估计 SOC 比较困难。

1. 电池荷电状态估算精度的影响因素

1)充放电电流

当充放电电流大于额定充放电电流时,可充放电容量小于额定容量;反之,当充放电电流小于额定充放电电流时,可充放电容量大于额定容量。

2)温度

不同温度下电池组的容量存在着一定的变化,温度段的选择及校正因素直接影响到电池性能和可用电量。

3)电池容量衰减

电池的容量在循环过程中会逐渐减少,因此对电量的校正条件就需要不断地改变,这也是影响模型精度的一个重要因素。

4)自放电

自放电大小主要与环境温度有关,具有不确定性,需要按实验数据进行修正,这就会影响电池荷电状态(SOC)的估算。

5)一致性

电池组的一致性差别对电量的估算有重要的影响。电池组的电量估算是按照总体电池的电压来估算和校正的,如果电池单体差异较大,将导致估算的精度误差很大。

2. 精确估计 SOC 的作用

(1)保护动力电池。过充电和过放电都可能对动力电池造成永久性的损害,严重缩短电池的使用寿命。因此准确控制电池 SOC 范围,可避免电池过充电和过放电。

(2)提高整车性能。SOC 不准确,电池性能不能充分发挥,整车性能降低。

(3)降低对动力电池的要求。准确估算 SOC,电池性能可充分使用,降低对动力电池性能的要求。

(4)提高经济性。选择较低容量的动力电池可以降低整车制造成本,同时,由于提高了系统的可靠性,后期维护成本也得到降低。

(五)动力电池的均衡管理

为了平衡电池组中单体电池的容量和能量差异,提高电池组的能量利用率,在电池组的充放电过程中需要使用均衡电路。根据均衡过程中对所传递的能量的处理方式不同,可分为能量耗散型和非能量耗散型。

1. 能量耗散型均衡管理

能量耗散型均衡主要通过令电池组中能量较高的电池利用其旁路电阻进行放电的方式损耗部分能量,以期达到电池组能量状态的一致。这种均衡结构以损耗电池组能量为代价,并且由于生热问题导致均衡电流不能过大,适用于小容量电池系统以及能量能够及时得到补充的系统,如混合动力汽车。

能量耗散型均衡管理通过单体电池的并联电阻进行充电分流从而实现均衡。这种电路结构简单,均衡过程一般在充电过程中完成,对容量低的单体电池不能补充电量,存在能量浪费和增加热管理系统负荷的问题。

仅适合于小型电池组或者容量较小的电池组。

2. 非能量耗散型均衡管理

本质上均是利用储能元件和均衡旁路构建能量传递通道,将其从能量较高电池直接或间接转移至能量较低的电池。其耗能相对于能量耗散型电路小很多,但电路结构相对复杂,可分为能量转换式均衡和能量转移式均衡两种。

(1)能量转换式均衡。能量转换式均衡是通过开关信号,将电池组整体能量对单体电池进行能量补充,或者将单体电池能量向整体电池组进行能量转换。

（2）能量转移式均衡。能量转移式均衡是利用电感或电容等储能元件,把能量从电池组中容量高的单体电池,通过储能元件转移到容量比较低的电池上。

（六）动力电池的电安全管理

电动汽车动力电池系统电压常用的有 288V、336V、384V 以及 544V 等,已经大大超过了人体可以承受的安全电压,因此电动汽车动力电池系统电气绝缘性能是电安全管理的重要内容。绝缘性能的好坏不仅关系到电气设备和系统能否正常工作,更重要的是还关系到人的生命、财产安全。

1. 动力电池电安全管理系统的功能

电安全管理系统主要包括烟雾报警、绝缘检测、自动灭火、过电压和过电流控制、过放电控制、防止温度过高,在发生碰撞的情况下关闭电源等功能。

动力电池安装在电动汽车上,必须满足车辆部件的耐振动、耐冲击、耐跌落、耐盐雾等强度要求,保证可靠应用。此外为满足防水、防尘要求,动力电池应符合一定的 IP 防护等级,一般 IP 防护等级不低于 IP55。

在极端情况下,通过电池安全管理系统应能实现动力电池的高压断电保护、过电流断开保护、过放电保护、过充电保护等功能。

2. 烟雾报警

在车辆行驶过程中由于路况复杂及电池本身的工艺问题,可能由于过热、挤压和碰撞等原因而导致电池出现冒烟或者着火等极端恶劣的事故。若不能及时发现并得到有效处理,势必导致事故的进一步扩大,对周围电池、车辆以及车上人员构成威胁,严重影响车辆运行的安全性。为防患于未然,近年来烟雾检测被引入电池管理系统的监测中,并越来越受到重视。

烟雾传感器种类繁多,从检测原理上可以分为三大类:第一类是利用物理、化学性质的烟雾传感器,如半导体烟雾传感器、接触燃烧烟雾传感器等;第二类是利用物理性质的烟雾传感器,如热导烟雾传感器、光干涉烟雾传感器、红外传感器等;第三类是利用电化学性质的烟雾传感器,如电流型烟雾传感器、电势型气体传感器等。由于烟雾的种类繁多,一种类型的烟雾传感器不可能检测所有的气体,通常只能检测某一种或两种特定性质的烟雾。例如,氧化物半导体烟雾传感器主要检测各种还原性烟雾,如 CO、H_2、C_2H_5OH、CH_3OH 等;固体电解质烟雾传感器主要用于检测无机烟雾,如 O_2、CO_2、Cl_2、SO_2 等。

在动力电池上应用,需要在了解电池燃烧产生的烟雾构成的基础上进行传感器的选择。

一般电池燃烧产生大量的 CO 和 CO_2，因此，可以选择对这两种气体敏感的传感器。在传感器的结构上，需要适应车辆长期应用的振动工况，防止由于路面灰尘、振动引起的传感器误动作。

动力电池管理系统中烟雾报警的报警装置应安装于驾驶人控制台，在接收到报警信号时，迅速发出声光报警和故障定位，保证驾驶人能够及时发现，能接收报警器发出的报警信号。

(七)动力电池的数据通信系统

数据通信是电池管理系统的重要组成部分之一。主要涉及电池管理系统内部主控板与检测板之间的通信、电池管理系统与车载主控制器、非车载充电机等设备间的通信等。在有参数设定功能的电池管理系统上，还有电池管理系统主控板与上位机的通信。CAN 通信方式是现阶段电池管理系统通信应用的主流，在国内外大量产业化的电动汽车电池管理系统以及国内外关于电池管理系统数据通信标准中均提倡采用该通信方式。RS232，RS485 总线等方式在电池管理系统内部通信中也有应用。

在车载运行模式下电池管理系统的结构如图 7.2.5 所示。电池管理系统中央控制模块通过 CAN1 总线将实时的、必要的电池状态告知整车控制器以及电机控制器等设备，以便采用更加合理的控制策略，既能有效地完成运营任务，又能延长电池使用寿命。同时，电池管理系统(中央控制模块)通过高速 CAN2 将电池组的详细信息告知车载监控系统，完成电池状态数据的显示和故障报警等功能，为电池的维护和更换提供依据。

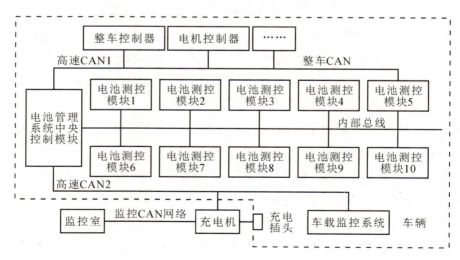

图 7.2.5 车载运行模式下的电池管理系统的结构

（八）制动能量回馈控制

1. 制动能量回馈的定义和作用

1）制动能量回馈的定义

汽车在减速或制动时，将其中一部分动能或势能转换为电能并储存在能量储存装置中的过程称为制动能量回馈。

制动能量回馈对纯电动汽车尤为重要，在城市工况中，汽车需要频繁启动与制动。有关研究表明，如果能够有效地回收制动能量，纯电动汽车的续驶里程可以提高10%～30%。

2）制动能量回馈控制的作用

电动汽车采用电力制动时，通过将驱动电动机转换为发电状态，使汽车产生制动力矩，同时将产生的电能储存到蓄电池中，实现制动能量回收，延长续驶里程。并在一定程度上减少制动器的工作负荷，延长摩擦片的使用寿命。

2. 制动能量回馈控制的基本原理

1）电动汽车的制动方式

电动汽车的制动方式可分为机械制动（液压或气压）和电力制动两大类，其制动系统实际上是一种混合制动系统。典型的混合制动系统有两种：一种是并联式的混合制动系统，其结构和控制简单，并且保留了所有常规制动系统的主要部件；另一种是全可控的混合制动系统，其特点是各车轮制动力能独立控制，可有效地提高汽车在各种路面上的制动性能。

2）制动能量回馈控制的基本原理

制动能量回馈控制的原理如图7.2.6所示。

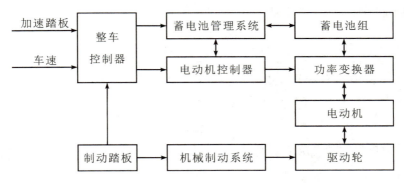

图7.2.6 制动能量回馈控制的原理

制动踏板提供制动信号，信号传递到整车控制器。整车控制器根据汽车运行状况及其他控制模块的状态，决定是否进行制动能量回馈，并分配能量回馈制动力矩的大小。在能量回馈制动过程中，电动机控制器在对电动机实施回馈制动控制的同时，需要与能量管理系统进行实时双向信息交流,在保证蓄电池安全充电的同时,取得最佳制动能量回馈效果。

动力电池管理系统通过热管理、电量管理、均衡管理、电安全管理、数据通信及制动能量回馈,最大限度地利用电池的存储能力和循环寿命。

复习题

一、填空题

1. 电池管理系统是用来对蓄电池组进行_____及_____,提高蓄电池_____的装置。

2. 电池管理系统用_____表示。

3. 电池管理系统的基本组成包括_____、_____和_____三部分。

4. 根据均衡过程中对所传递的能量的处理方式不同,可分为____型和____型。

5. 汽车在_____或_____时,将其中一部分动能或势能转换为_____并储存在能量储存装置中的过程称为制动能量回馈。

6. 电池状态计算主要包括_____和_____两方面。

7. 主控盒是一个连接_____和_____的平台。

二、简答题

1. 制动能量回馈控制的作用是什么?

2. 精确估计 SOC 的作用是什么?

3. 简述动力电池管理系统的功能。

4. 动力电池系统主要由哪四个部分组成?

学习单元八
动力蓄电池的使用

引入

在动力蓄电池的使用过程中,首先必须熟悉充电装置和如何对蓄电池充电。本单元主要介绍充电装置、蓄电池充电以及性能测试。

学习内容一　动力蓄电池的充电

知识目标

(1)掌握动力蓄电池的基本充电方法、电动汽车慢充和快充的组成及工作过程车载充电机结构、功用及基本工作原理。

(2)掌握交流充电桩、直流充电桩的结构特点。

能力目标

(1)能够复述充电机接口端子针脚的名称。
(2)能够总结动力蓄电池的基本充电方法。
(3)能够分析电动汽车慢充和快充的组成及工作过程。
(4)能够总结交流充电桩和直流充电桩的结构特点。

动力蓄电池使用过程中,如何对它进行充电呢?让我们一起来学习吧!

纯电动汽车的电能补充可以分为两种模式，即充电模式和换电模式。其中换电又被称为机械充电，是通过直接更换已充电的动力蓄电池来达到电动汽车电能补充的目的。纯电动汽车动力蓄电池放电后，用直流电源连接动力蓄电池，将电能转化为动力蓄电池的化学能，使它恢复工作能力，这个过程称为动力蓄电池充电。

动力蓄电池充电时，动力蓄电池正极与充电电源正极相连，动力蓄电池负极与充电电源负极相连，充电电源电压必须高于动力蓄电池的总电动势。合适的充电方式不仅能够最大限度地发挥电池的容量，而且可以延长电池的使用寿命。纯电动汽车的充电方法包括常规充电方式和快速充电方式。

（一）动力蓄电池的充电方法

1. 动力蓄电池的常规充电方法

1）恒流充电法

恒流充电法是指充电过程中，使充电电流保持恒定不变的充电方法，这种充电方法在充电过程中需要适时提高充电电压，以使充电电流保持恒定。由于蓄电池可接受的充电电流会随着蓄电池充电程度的提高而减小，因此在蓄电池的充电后期，应适当减小充电电流。恒流充电中电流的大小根据蓄电池的容量确定，蓄电池容量大，充电电流也大。恒流充电的优点是能够将蓄电池完全充足，有益于延长蓄电池的使用寿命；缺点是充电时间较长。恒流充电曲线如图 8.1.1 所示。

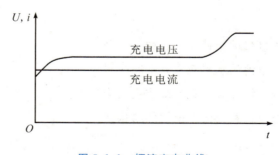

图 8.1.1　恒流充电曲线

2）恒压充电法

恒压充电法是指充电过程中充电电压保持不变的充电方法。由于充电电压为定值，因而在充电过程中，充电电流会随着蓄电池电动势的升高而逐渐减小。恒压充电时，充电电压的数值很重要，适当的充电电压可使蓄电池即将充足电时其充电电流趋于零。充电电压过高容易造成充电初期充电电流过大和过充电；充电电压过低则会使蓄电池充电不足。恒压充电初期,由于蓄电池的电动势较低,为避免充电电流过大而对蓄电池造成不利影响,通常需要用较低的电压充电,待蓄电池的电动势有所上升后,再以规定的电压进行恒压充电。恒压充电的优点是充电时间相对较短,缺点是不容易将蓄电池完全充足,充电初期的大电流对蓄电池的寿命会有不利影响。恒压充电曲线如图 8.1.2 所示。

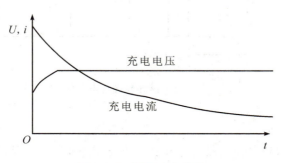

图 8.1.2　恒压充电曲线

3)阶段充电法

常用的阶段充电法有二阶段充电法和三阶段充电法。二阶段充电法采用恒流充电方法和恒压充电方法相结合,首先以恒流充电至预定的电压值,然后改为恒压方法完成剩余的充电。一般两阶段之间的转换电压就是第二阶段所保持的恒定电压。

三阶段充电方法在充电开始和结束时采用恒流充电,中间用恒压充电。三阶段充电方法首先以恒流充电至预定的电压值,然后改为恒压,前两阶段之间的转换电压一般也是第二阶段所保持的恒定电压;当电流衰减到预定值时,由第二阶段转换到第三阶段进行恒流充电,后两阶段之间的转换电流一般就是第三阶段所保持的恒定电流。这种方法可以将出气量减到最少。

2. 动力蓄电池的快速充电方法

1)脉冲快速充电法

脉冲快速充电法首先用脉冲电流对动力蓄电池充电,然后让电池停充一段时间,如此循环。如图 8.1.3 所示。充电脉冲可使蓄电池充满电量,其间歇期有助于蓄电池经化学反应产生的氧气和氢气重新化合而被吸收,从而令浓差极化和欧姆极化自然而然地得到消除,减轻了蓄电池的内压。这使下一轮的恒流充电能够更加顺利地进行,令蓄电池可以吸收更多的电量。可见,间歇脉冲使蓄电池有较充分的反应时间,减少了析气量,提高了蓄电池的充电电流接受率。

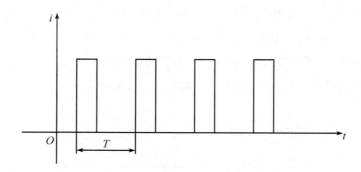

图 8.1.3 脉冲快速充电曲线

2)变电流间歇充电法

变电流间歇充电法建立在恒流充电和脉冲充电的基础上,其特点是将脉冲充电中恒流充电段改为限压变电流间歇充电段。充电前期的各段采用变电流间歇充电的方法,保证加大充电电流,获得绝大部分充电量。充电后期采用恒定电压充电,直到电池恢复至完全充电状态。通过间歇停充,使蓄电池经化学反应产生的氧气和氢气有时间重新化合而被吸收掉,使浓差极化和欧姆极化得到消除,从而减轻了蓄电池的内压,使下一轮的充电能够更加顺利地进行,使蓄电池可以吸收更多的电量。

3)变电压间歇充电法

变电压间歇充电法与变电流间歇充电法不同之处在于第一阶段不是间歇恒流,而是间歇恒压,这种方法更加符合最佳充电的充电曲线。在每个恒电压充电阶段,由于是恒压充电,充电电流自然按照指数规律下降,符合动力蓄电池电流可接受率随着充电的进行逐渐下降的特点。

3. 电动汽车慢充

1)慢充基本组成与原理

慢充充电使用的是交流充电方式,车辆采用的是 7 对触头的插座。慢充口位置根据车型不同而有所不同,通常位于车的侧面尾部或车前,国内比亚迪纯电动汽车,如 E5,慢充口位于车前脸标志处,北汽 EV160 的慢充口位于车左侧尾部,如图 8.1.4 所示。慢充系统通常需要进行电的转换,通常由慢充设备、慢充充电口、充电线缆、车载充电机等组成。

图 8.1.4　北汽 EV160 慢充口位置

电动汽车与慢充充电桩有两种连接方式：一个是通过与慢充充电桩连接在一起的慢充充电枪；另一个是通过随车标配的交流充电桩慢速充电线。

2）慢充充电系统工作过程

将充电枪对准慢充充电口，匹配成功后按下慢充插口上的蓝色按键，通过 12V 低压唤醒整车控制系统以及电池管理系统等低压部件，电池管理系统会首先检测动力蓄电池有无充电需求，检测完毕后会将充电指令发送给车载充电机并闭合动力蓄电池的继电器，开始充电。首先车载充电机内部的变压器将交流充电桩的 220V 电压上升至动力蓄电池所需的交流电。然后经过全波整流器进行整流，输送给滤波电路过滤整形，之后输送给稳压二极管，形成一个趋于平稳的直流波形输出。最终，车载充电机将外部供电设备提供的 220V 交流电，转换为电动汽车所需要的直流电储存到动力蓄电池。当电池管理系统检测到充电完成后，发送指令给车载充电器停止工作，动力蓄电池继电器断开，工作基本流程图如图 8.1.5 所示。

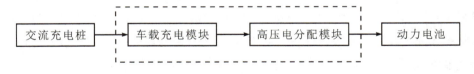

图 8.1.5　慢充充电系统工作流程

4. 电动汽车快充

1）快充充电系统组成及功用

快充通常是指直接给动力蓄电池充电，不需要进行交直流电的转换，属于直流充电，系统较简单，快充充电系统包括快充充电桩和快充充电口。

（1）快充充电桩。快充充电桩内置功率转换模块，能将电网的交流电转换为直流电，不经过车载充电机转换，直接接入车内电池。充电功率取决于电池管理系统和充电桩输出功率，两者取小。目前市场上特斯拉的快充功率达到 120kW，半小时能充满 80% 电量，充电倍率接近 2C。北汽 EV200 快充功率可以达到 37kW,充电倍率 1.3C。快充充电桩内部是由充电模块、主控制器、绝缘检测模块、智能电能表、通信模块、继电器等部分组成。快充充电桩一般安装在大型充电站内,以三相四线制的方式连接电网,使用 380V 的工业用电通过快充充电桩为电动汽车充电。

(2)快充充电口。快充充电使用的是直流充电方式。车辆采用的是 9 对触头的插座。通常快充充电口位于车辆的前端,如比亚迪纯电动款 E5、北汽 EV160 的快充充电口位于车头前部正中间车标位置,如图 8.1.6 所示。

图 8.1.6　快充充电口位置

2)快充充电系统工作过程

快充充电桩通过接口与电动汽车相连,在将快充充电枪插入快充充电口后,用户在充电桩人机交互界面刷卡并进行相应操作。确认充电枪物理连接成功之后,快充充电桩与动力蓄电池通过 CAN 线进行数据信息交互。确认动力蓄电池的状态信息之后,闭合控制高压电分配的高压接触器,开始充电。直流充电桩将输出的高压直流电直接输入到动力蓄电池中。充电过程中,动力蓄电池与充电桩之间时刻进行着信息交互,若检测到充电完成,充电桩主控制器将关闭充电模块并断开控制高压电分配的高压接触器,同时电池管理系统也将断开动力蓄电池继电器,如图 8.1.7 所示。若控制器在充电过程中监测到故障,将停止充电。

直流充电桩 → 高压电分配模块 → 动力电池

图 8.1.7　快充充电系统工作流程

(二)充电装置

1. 常见充电装置定义及分类

1)充电装置定义

电动汽车充电装置泛指将电能转变为车载动力蓄电池组中的化学能的各种形式的交流装置的总称。如充电机、充电桩、充电站、车载充电机,电机驱动系统中的能量回收装置,燃料电池汽车动力系统中双向 DC/DC 变换器的充电部分等,都属于充电装置。

2)充电装置的分类

如图 8.1.8 所示,按用途进行划分,可分为车载充电装置和地面充电装置两大类。

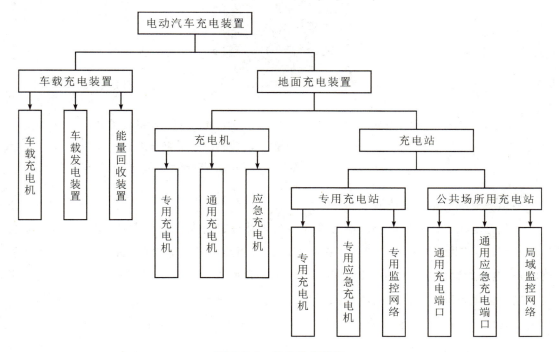

图 8.1.8　充电设备分类

2. 车载充电机

1)车载充电机基本结构及功用

电动汽车通常配备车载充电机,其主要的作用是将 220V 交流电转换为动力蓄电池的直流电,实现动力蓄电池电量补给。现阶段,很多新款电动汽车的车载充电机通常与高压配电盒等其他部件集成在一起,主要由车载充电机电路板、电容、变压器等组成。车载充电机一般具有效率高、体积小、耐受恶劣工作环境等特点。

从结构布置上,通常车载充电机要与慢充高压线束相连接,其中端口针脚定义如图 8.1.9 所示。

新能源汽车**动力电池技术**

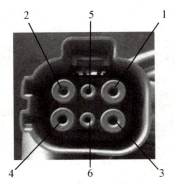

1号端子—交流电源(L);2号端子—交流电源(N);3号端子—车身地(搭铁);
4号端子—空;5号端子—充电确认线;6号端子—控制确认线。

图 8.1.9　车载充电机与慢充高压线缆连接端口针脚

2) 车载充电机基本工作原理

车载充电机工作过程需协调电池管理系统等部件进行充电综合管理,由电池管理系统通过 CAN 通信控制车载充电机的工作状态。通常当监测到车载充电机温度高于某设定温度时,充电机的输出电流变小;若温度高于某一温度时,车载充电机将切断供电,停止输出电能。电池管理系统为车载充电机提供过电压、欠电压、过电流、欠电流等多种保护措施。若充电系统出现异常,电池管理系统会及时采取应对措施甚至切断供电。

3. 交流充电桩

日常生活中,最常见的充电装置是充电桩,按充电电流的不同,充电桩可分为直流充电桩和交流充电桩,如图 8.1.10 所示。交流充电桩按安装位置的不同可分为落地式、壁挂式和便携式三种(交流充电桩一般指落地式)。

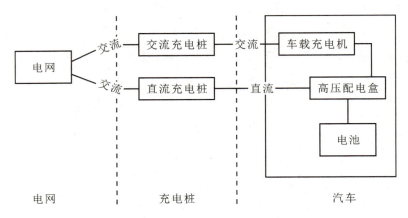

图 8.1.10　不同的充电类型示意图

· 110 ·

由于电动汽车动力蓄电池为直流电,在可以使用交流充电桩充电的电动汽车上要配备相应的车载充电机,将交流电转换为直流电,这个过程充电速度较慢。而对于直流充电桩,输出的直流电可以直接对接动力蓄电池,对电池直充,不需要进行电的类型的转换,充电速度快。

1)交流充电桩的种类

交流充电桩通常有落地式、壁挂式和便携式(还有很多车型配备)三种。采用此种电传导方式的充电桩,由于不需要自身进行直交流电的转换,通常内部结构较简单,体积较小。一般落地式和壁挂式均提供人机操作界面和交流充电接口,并具备相应测量保护功能的专用装置。交流充电桩如图 8.1.11 所示。

图 8.1.11　交流充电桩

交流充电桩可应用在各种大、中、小型电动汽车充电站中。其特点是充电功率较小,由于输出充电电流小,电池充电时间较长,可充分利用低谷时段充电。

2)交流充电接口

电动汽车传导充电用的交流充电接口的通用要求、功能定义执行国家标准 GB/T 20234.2—2015 的规定。交流充电接口的额定值如表 8.1.1 所示。

表 8.1.1　交流充电接口的额定值

额定电压/V	额定电流/A
250	10/16/32
440	16/32/63

电动汽车车辆接口和供电接口包含 7 对触头,接口电气参数和功能定义,如表 8.1.2 所示。

表 8.1.2　电气参数和功能意义

触头标识	额定电压/V　额定电流/A	功能定义
L1	250　10/16/32（440　10/16/32）	交流电单相（三相）
L2	440　10/16/32	交流电三相
L3	440　10/16/32	交流电三相
N	250　10/16/32（440　10/16/32）	中性线
PE	—	保护搭铁
CC	0～30　2	充电连接确认
CP	0～30　2	控制确认

电动汽车车辆接口和供电接口的触头布置方式如图 8.1.12 所示。触头长短不一，粗细也有差别。

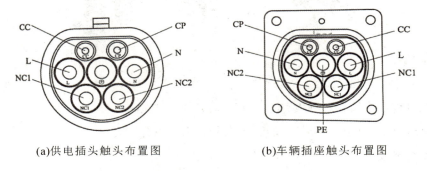

(a)供电插头触头布置图　　(b)车辆插座触头布置图

图中 NC1、NC2 为国家标准中的 L1、L2。

图 8.1.12　交流充电接口触头布置图

在充电过程中，对于充电接口上，首先连接保护搭铁触头，最后连接控制确认触头与充电连接确认触头。在脱开的过程中，首先断开控制确认触头与充电连接确认触头，最后断开保护搭铁触头。

3）落地式交流充电桩

交流充电桩是指固定安装在电动汽车外与交流电网连接，为电动汽车车载充电机提供交流电源的供电装置，如图 8.1.13 所示。

(1)交流充电桩基本构成。交流充电桩由桩体、电气模块、计量模块等部分组成，如图 8.1.14 所示。桩体包括外壳和人机交互界面；电气模块包括接触器、充电控制器、充电枪座子、安全防护装置等。

图 8.1.13　落地式充电桩

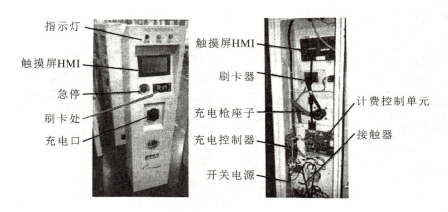

图 8.1.14　交流充电桩结构组成

（2）交流充电桩的功能。①人机交互功能。充电桩应能显示或借助外部设备显示各状态下的相关信息，显示字符应清晰、完整，没有缺损现象，不依靠环境光源即可辨认。充电桩宜具备手动设置充电参数的功能。②计量功能。充电桩宜具备电能计量功能，充电桩宜提供实施电能表，能现场检测充电电量。③付费交易功能。充电桩应具备付费交易功能，实现充电控制及充电计费。同时，为了方便，可 IC 卡支付或扫二维码支付。④通信功能。充电柱上应用与外部通信的接口。同时可以多种方式与外界进行通信。⑤安全防护功能。在发生紧急状况时可按下急停开关结束充电，起到保护作用。还有过负荷保护、短路保护、漏电保护功能和接触器故障检测功能。配备 D 级防雷装置、电子锁止装置（锁止装置在充电过程中应保持锁止状态）。

4）壁挂式充电盒

（1）壁挂式充电盒结构。壁挂式充电盒结构如图 8.1.15 所示，由触摸显示屏、刷卡感应区、LED 指示灯、急停开关、充电枪、控制箱和充电枪轻触开关等组成。LED 指示灯界面示意图如图 8.1.16 所示。

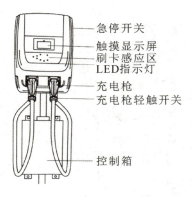

图 8.1.15　壁挂式充电盒结构

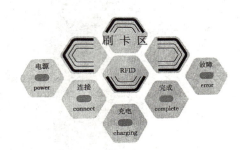

图 8.1.16　LED 指示灯界面示意图

（2）各组成部件功能。①触摸显示屏：功能操作和显示界面。用户在此观察充电盒的实时状态和提示，从而对充电盒进行操作。②刷卡感应区：用户刷卡感应区域，根据屏幕提示在此刷卡。③LED 指示灯：显示 5 种状态，包括"电源""连接""充电""完成"和"故障"，如图 8.1.16 所示。④急停开关：紧急情况下，按下急停开关，即可断开充电和输入电源。使充电盒停止工作。恢复需顺时针旋转开关至开关弹出。⑤充电枪：充电盒和电动汽车连接装置。⑥控制箱：充电盒进线输入连接装置，内置充电盒断路器。⑦充电枪轻触开关：用于确认充电枪与电动汽车可靠连接。

5）便携式充电器

便携式充电器作为即插即用型充电设备，结构简单、操作简便，支持直接从交流电网取电，满足电动车主随时充电的应用诉求。

（1）便携式充电器外观结构。

便携式充电器外观结构如图 8.1.17 所示，一端为三芯插头，在充电时连接外接电源插座；另一端为带有七孔的插头，在充电时连接车端交流充电插孔。中间为控制盒，上有 Ready 灯、Charge 灯和 Fault 灯。充电时连接供电端三芯插头，Ready 灯、Charge 灯闪烁表示可充电，Fault 灯闪烁表示没接地。

图 8.1.17　便携式充电器外观结构

(2)控制盒内部结构。

控制盒内部结构如图 8.1.18 所示,工频变压器把高压电转换成 12V 低压电,为低压模块供电;主控单片机内含充电逻辑控制,同时具有电气保护功能;电流互感器检测电流,具有启动过电流保护的作用;继电器充电回路主开关熔断丝,具有启动电路保护的作用;零序电流互感器,具有启动漏电保护的作用。

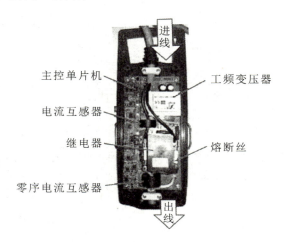

图 8.1.18　控制盒内部结构

4. 直流充电桩

1)基本结构

直流充电桩体积较大,通常由充电指示灯、显示屏、刷卡区、紧急启停、充电枪和散热通风口及充电桩体组成,如图 8.1.19 所示。紧急启停键是当出现紧急情况时,按下可强行终止充电。充电指示灯中红色电源指示灯亮起,说明设备上级电源已正常供电,设备进入带电状态。绿色充电指示灯闪烁,说明车辆正在充电;绿色充电指示灯常亮,说明充电完成;黄色指示灯为故障指示灯,当其闪烁时,说明设备有故障;黄色故障指示灯熄灭,说明设备运行正常。

图 8.1.19　典型直流充电桩

2) 直流充电接口

直流充电桩的充电接口是充电机与电动汽车车辆插孔进行物理连接,完成充电及控制引导的连接器。直流充电桩与电动汽车的充电接口功能定义执行国家标准 GB/T 20234.3—2015,直流充电接口额定值参见表 8.1.3。

表 8.1.3　直流充电接口额定值

额定电压/V	额定电流/A
750/1000	80
	125
	200
	250

直流充电桩充电插头和电动汽车车辆插座的触头布置方式如图 8.1.20 所示。各触头的功能定义如表 8.1.4 所示。

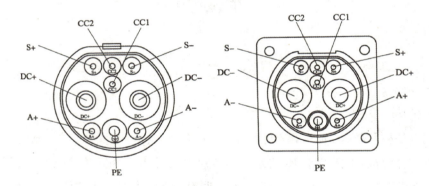

图 8.1.20　充电插头和车辆插座的触头布置图

直流充电桩充电插头和电动汽车车辆插座分别包含 9 对触头,其电气参数值和功能定义如表 8.1.4 所示。

表 8.1.4　充电接口各触头电气参数值及功能定义

触头标识	额定电压和额定电流	功能定义
DC+	750V 125A/250A	直流电源正,连接直流电源正与电池正极
DC−	750V 125A/250A	直流电源负,连接直流电源负与电池负极
PE	—	保护接地(PE),连接供电设备接线和车辆底盘地线
S+	30V 2A	充电通信 CAN_H,连接非车载充电机与电动汽车的通信线

续表

触头标识	额定电压和额定电流	功能定义
S−	30V 2A	充电通信 CAN_L,连接非车载充电机与电动汽车的通信线
CC1	30V 2A	充电连接确认1
CC2	30V 2A	充电连接确认2
A+	30V 2A	低压辅助电源正,连接非车载充电机为电动汽车提供的低压辅助电源
A−	30V 2A	低压辅助电源负,连接非车载充电机为电动汽车提供的低压辅助电源

(1)动力蓄电池的常规充电方法包括：恒流充电法、恒压充电法和阶段充电法。

(2)动力蓄电池的快速充电方法包括：脉冲快速充电法、变电流间歇充电法和变电压间歇充电法。

学习内容二 动力蓄电池的测试

 知识目标

了解动力蓄电池的测试内容。

 能力目标

能够总结动力蓄电池基本测试的内容。

动力电池测试是电池研制、出厂检测、产品评估等的必要手段。让我们一起来学习吧!

动力电池测试是电池研制、出厂检测、产品评估等的必要手段。化学电源的电化学基本性能包括容量、电压、内阻、自放电、存储性能、高低温性能等。动力电池作为典型的二次化

学电源还包括充放电性能、循环性能、内压等。动力电池单体主要性能测试的内容包括：充电性能测试、放电性能测试、放电容量及倍率性能测试、高低温性能测试、能量和比能量测试、功率和比功率测试、存储性能及自放电测试、寿命测试、内阻测试、内压测试和安全性测试等。

（一）动力蓄电池的基本测试内容

1）静态容量检测

该测试的主要目的是确定车辆在实际使用时，动力电池组具有充足的电量和能量，满足各种预定放电倍率和温度下的正常工作。主要的试验方法为恒温条件下恒流放电测试，放电终止以动力电池组电压降低到设定值或动力电池组内的单体一致性（电压差）达到设定的数值为准。

2）动态容量检测

电动汽车行驶过程中，动力电池的使用温度、放电倍率都是动态变化的，该测试主要检测动力电池组在动态放电条件下的能力，主要表现为不同温度和不同放电倍率下的能量和容量。其主要测试方法为采用设定的变电流工况或实际采集的车辆应用电流变化曲线，进行动力电池组的放电性能测试，试验终止条件根据试验工况以及动力电池的特性有所调整，基本也是以电压降低到一定的数值为标准。该方法可以更加直接和准确地反应电动汽车的实际应用需求。

3）静置试验

该测试目的是检测动力电池组在一段时间未使用时的容量损失，用来模拟电动汽车一段时间没有行驶而电池开路静置时的情况。静置试验也称自放电及存储性能测试，它是指在开路状态下，电池存储的电量在一定环境条件下的保持能力。

4）启动功率测试

由于汽车启动功率较大，为适应不同温度条件下的汽车启动需要，对动力电池组进行低温（−18℃）启动功率和高温（50℃）启动功率测试。该项测试除了在设定温度下进行以外，为了能够确定电池在不同荷电状态的放电能力，一般还设定 SOC 值。常见的测试以 SOC 为 90%、50% 和 20% 时进行功率测试。

5）快速充电能力测试

该测试的目的是通过对动力电池组进行高倍率充电来检测电池的快速充电能力，并考察其效率、发热及对其他性能的影响。

6）循环寿命测试

电池的循环寿命直接影响电池的使用经济性。当电池的实际容量低于初始容量或是额定容量的80%时，即视为动力电池寿命终止。

该测试采用的主要测试方法是在一定的条件下进行充放电循环，以循环的次数作为其寿命的指标。由于动力电池的寿命测试周期比较长，一般试验下来需要数月甚至一年的时间，因此，在实际操作中，经常采用确定测试循环数量，测定容量衰减情况，并据此数据进行线性外推、加速电池老化等方法进行测试。

7) 安全性测试

电池的安全性能是指电池在使用及搁置期间对人和装备可能造成伤害的评估。尤其是电池在滥用时，由于特定的能量输入，导致电池内部组成物质发生物理或化学反应而产生大量的热量，如热量不能及时散逸，可能导致电池热失控。热失控会使电池发生毁坏，如猛烈的泄气、破裂，并伴随起火，造成安全事故。在众多化学电源中，锂离子电池的安全性尤为重要。通用的动力电池安全测试项目如表8.2.1所示。

表8.2.1 通用的动力电池安全测试项目

类别	主要测试方法
电性能测试	过充电、过放电、外部短路、强制放电等
机械测试	自落体、冲击、针刺、振动、挤压等
热测试	焚烧、热成像、热冲击、油浴、微波加热等
环境测试	高空模拟、浸泡、耐菌性等

8) 电池振动测试

该测试的目的是检测由于道路引起的频繁振动和撞击对动力电池及动力电池组性能和寿命的影响。电池振动测试主要考察动力电池（组）对振动的耐久性，并以此作为指导改正动力电池（组）在结构设计上不足的依据。振动试验中的振动模式一般使用正弦振动或随机振动两种。由于动力电池（组）主要是装载于车辆上使用，为更好地模拟电池的使用工况，一般采用随机振动。

以上仅是对动力电池（组）进行测试的一些通用要求，根据动力电池的不同类型，测试的具体参数与要求会有所差异。

动力蓄电池的基本测试内容包括：静态容量测试、动态容量测试、静置试验、启动功率测试、快速充电能力测试、循环寿命测试、安全性测试及电池振动测试。

新能源汽车**动力电池技术**

复习题

一、填空题

1.电动汽车通常配备车载充电机,其主要的作用是将_____转换为动力蓄电池的直流电,实现动力蓄电池电量补给。

2.充电装置按用途进行划分,可分为_____和_____两大类。

3.车载充电机监测到车载充电机温度高于某设定温度时,充电机的_____变小;若温度高于某一温度时,车载充电机将_____,停止输出电能。

4.充电桩按充电电流的不同可分为_____和_____。

5.充电桩按安装位置的不同可分_____、_____和_____三种。

6.交流充电口中CP的功能定义是_____。

7.交流充电桩由桩体、_____、_____等部分组成。

8.便携式充电器中间为控制盒,其上有_____灯、_____灯和Fault灯。

9.纯电动汽车的电能补充可以划分为两种模式,即_____和_____。

10.常规充电方法有_____、_____和_____等。

11.常用的分阶段充电方法有二阶段充电法和三阶段充电法。二阶段充电法采用_____和_____相结合,首先以恒流充电至预定的电压值,然后改为恒压方法完成剩余的充电。

二、判断题

1.电池管理系统通过LIN通信控制车载充电机的工作状态。(　　　)

2.交流充电桩其特点是充电功率较小,由于输出充电电流小,电池充电时间较长,可充分利用低谷时段充电。(　　　)

3.交流充电桩中电子锁止装置在充电过程中可保持锁止状态也可不锁止。(　　　)

4.便携式充电器作为即插即用型充电设备,结构简单、操作简便,支持直接从交流电网取电,满足电动车主随时充电的应用诉求。(　　　)

5.直流充电接口额定电流的最大值为300A。(　　　)

6.车载充电机主要作用是将220V交流电转换为动力蓄电池的直流电,实现动力蓄电池电量补给。(　　　)

7.确认充电枪物理连接成功之后,快充充电桩与动力蓄电池通过LIN线进行数据信息交互。(　　　)

8.在充电时,将电动汽车与慢充充电桩连接在一起的是慢充充电枪。(　　　)

三、简答题

1.简述恒压充电的特点。

2.简述车载充电机的工作原理。

3.说明交流充电桩与直流充电桩的主要区别。

4.动力蓄电池基本测试的内容有哪些?